MSPA
（発達障害の要支援度評価尺度）
の理解と活用

船曳康子

Funabiki Yasuko

勁草書房

はしがき

　MSPA（発達障害の要支援度評価尺度）は、診断ではなく支援を目的
として、生活現場でのニーズを重視して開発した、日本生まれの新し
い発達障害の評価尺度です。英語での正式名称が「Multi-dimensional
Scale for PDD and ADHD」であることから、頭文字をとって MSPA
（エムスパ）と名付けました。

　本書の著者である私、船曳康子が中心となって開発を進め、多くの
方々のご協力とご支援のもとで普及に取り組んできました。2016 年 4
月 1 日から保険収載され、医療機関で MSPA による評価を行う際に
医療保険が適用されるようになったこともあり、今後広く一般の医
療・療育へと活用されることが期待されています。

　発達障害は個人によって特性が大きく異なるため、たとえ診断名が
同じだったとしても、必要とする支援は一人ひとり異なります。従来
の評価ツールは発達障害の診断を重視したものが多く、生活場面で当
事者がどのように困っているのか、また発達障害者それぞれの個人差
へどのように対応すればよいのかといった、支援の現場に必要な要素
を包括的に評価することができませんでした。

　MSPA は特性の個人差を視覚的に理解できるように工夫してあり
ます。それを当事者の方やご家族、多職種にわたる支援者が共有する
ことで、特性に対する共通理解を促し、現場での支援に生かすことが

はしがき

できます。等身大の個性を理解し、生活場面で当事者がどのようにどれくらい困っているのかを把握することで、暮らしやすくするために必要な支援や配慮を具体的に考えることができるというのが、MSPAの最大の特長です。

本書はこのMSPAがどのような意図で開発され、どのような特徴を持つものなのかを、正確にわかりやすく知ってもらうことを目的としています。また、実際の療育や特別支援教育などの現場において、MSPAがどのように活用できるのかについても、見通しをご紹介したいと考えています。現場での活用法については、開発段階からご協力いただき、さまざまな現場でMSPAを取り入れた実践を行ってくださっている方たちにお願いして、コラムを寄稿していただきました。あわせて参考にしていただければ幸いです。

本書を通じてMSPAの特徴と可能性を多くの読者に知っていただき、発達障害者の支援の現場で広く活用していただくことを願ってやみません。

MSPA（発達障害の要支援度評価尺度）の理解と活用

目　次

目 次

はしがき

第1章 発達障害を考える ……………………………………1

1 発達障害者支援の現状 　1

発達障害者支援法と支援の枠組み／支援までの長い道のり／
MSPA の特徴

2 発達障害の特性 　6

発達障害とは何か／発達障害に使われる検査

3 発達障害者のライフステージと困りの変化 　12

発達障害者のライフコース／生活場面での困りの質の変化／
二次的な問題を予防する

第2章 MSPA とはどういうものか ………………17

1 特性と要支援度を視覚化する 　17

レーダーチャート開発の目的／14 項目の特性と 9 段階評価

2 生得的な発達特性を評定する 　24

MSPA のスコアは変動しない／MSPA の概要

3 14 項目の評価基準 　31

スコアリングの原則／14 項目の評定／1. コミュニケーション／
2. 集団適応力／3. 共感性／4. こだわり／5. 感覚／
6. 反復運動／7. 粗大運動／8. 微細協調運動／9. 不注意／
10. 多動性／11. 衝動性／12. 睡眠リズム／13. 学習／
14. 言語発達歴／15. 得意分野

4 MSPA の有効性 　49

特性を理解して困りに対処する／
「治す」と「つきあう」のバランスをとる

目 次

第3章 MSPAの活用に向けて …………………………53

1 ライフステージごとの活用可能性 　53

①乳幼児期／特別支援教育の現状／②児童期／③思春期・青年期／
教育支援センターでの同時面談システムの試み／④成人期

2 ぶれないツールとしてのMSPA 　65

適応状態と生来の特性／「検査の数値が変わる」とはどういうことか／
ぶれない軸の必要性／学校現場への期待／生活を良くするために／
二次的な問題を防ぐために

特別寄稿コラム

1 保育や教育の現場におけるMSPA活用のアイディア
（清水里美）　76

2 幼児期、早期支援の現場における活用（若林彩）　84

3 教育相談での活用のタイミングと利点（山中陽子）　88

4 小学生・中学生への支援における活用（小川詩乃）　92

5 教育相談での活用事例（鋒山智子）　95

6 中学校での活用（鈴木英太）　98

7 クリニックにおける活用（馬見塚珠生）　101

8 臨床心理士として考えるMSPAの心理治療的活用について
（天下谷恭一）　104

9 大学における学生支援での活用（岩井栄一郎）　107

10 医療現場における就労支援での活用（蔦田裕子）　111

11 支援者養成における活用（青山芳文）　115

目　次

Q&A　　119

あとがき　　123

索　引　　127

第 **1** 章

発達障害を考える

1　発達障害者支援の現状

発達障害者支援法と支援の枠組み

　日本で発達障害者支援法が制定されたのは、平成 16（2004）年のことです。発達障害の特性が顕在化した後、できるだけ早期に発達支援を行うことがうたわれ、この法律のもとで全国の各自治体に発達障害者支援センターが設立されるなど、発達障害への支援の必要性が広く一般に知られることとなりました。

　その 2 年前の平成 14（2002）年に文部科学省が通常の学級に在籍する児童生徒について行った全国調査で、発達障害の可能性のある児童生徒が 6.3% を占めていることが示されていました[1]。この数字の高

---

1 ）以下の文部科学省のホームページを参照。「通常の学級に在籍する特別な教育的支援を
　必要とする児童生徒に関する全国実態調査」http://www.mext.go.jp/b_menu/shingi/
　chousa/shotou/054/shiryo/attach/1361231.htm
　　同様の調査が対象地域を広げた上で 10 年ぶりに平成 24（2012）年にも行われ、こ
　ちらでは 6.5%という結果が示されています。「通常の学級に在籍する発達障害の可能性
　のある特別な教育的支援を必要とする児童生徒に関する調査結果について」http://www.

第1章　発達障害を考える

さが、発達障害者支援が必要であるということが認識されるきっかけとなったように思われます。

　発達障害者支援法の制定によって、確かに支援の枠組みは構築されてきました。先に述べたように発達障害者支援センターが設立され、また障害年金や障害者手帳の取得においても「発達障害」の診断が通用するようになりました。診断のためのツールが多数翻訳・輸入され、セミナーや講演会による発達障害理解のための啓蒙活動も盛んになっています。また、平成28（2016）年には発達障害者支援法が一部改正されて、乳幼児期から高齢期までの切れ目のない支援ということが掲げられるようになり、発達障害者の支援に向けた環境は整いつつあるように見えます。

　しかし、こうした見えやすい枠組みは整ってきているとしても、一人ひとりの特性の理解や人的なつながりなどの、個別的で見えにくい部分については、専門家や現場の裁量に任されていたように思います。具体的な個別の支援につなげるという本来の目的のためには、まだまだ解決しなければならない課題があると言えるでしょう。

支援までの長い道のり

　当事者の視点から見ると、実際の支援にたどりつくまでには長い道のりがあるという状況が依然として続いています。発達障害という診断がつくことを恐れて受診をためらう方も多いですし、いざ受診しようと決意して予約を入れても受診まで半年以上の待ち期間があるという場合も少なくありません。また診断がついた後でも、適切な支援を受けられる態勢が整うまでにはさまざまな試行錯誤があり、この過程

---

mext.go.jp/a_menu/shotou/tokubetu/material/1328729.htm

にはいくつもの壁が立ちはだかっているのです。

　この状況はどうすれば解決できるでしょうか。1番目のためらいの期間には、発達障害に対する言葉のイメージや偏見が関わっているとも考えられます。これを緩和していく取り組みが重要です。2番目の受診待ちの期間と3番目の支援までの試行錯誤は、社会的ニーズの急増に専門家の数が追いつかず、待機期間が生じていると捉えることができそうです。

　私は精神科医として、この2番目の問題については本当に何とかしなくてはいけないと思っています。怪我や病気で病院に来た人をすぐ診療するのと同じように、待機期間なく診察が受けられる態勢へと変えていけるよう取り組む必要があります。また、3番目の問題の解決には、公認心理師や臨床心理士などの心理学的支援者や、社会福祉士、精神保健福祉士、作業療法士、言語聴覚士、特別支援コーディネーター、特別支援教育士といった様々な専門スタッフの充実を図っていくことが重要となるでしょう。

　これまでの状況では、診断があれば支援につながるという観点から診断が重視され、結果として診断が可能な医療機関への待機がさらに増え、多様な個人差への個別的な対応が後回しにされてきた感があるように思います。結果として、支援まで遠回りになってしまっていたのではないでしょうか。

　こうした問題を解決するための一つのアプローチとして、診断の手前で個人の特性を理解し、生活の場でできる支援をするといった態勢の整備が必要なのではないかと私は考えています。医療機関での診断ありきではなく、その手前の教育の現場や各自治体でカウンセラーや特別支援コーディネーター、発達障害者支援センターなどが当事者やご家族からの相談を受け、支援をスタートさせることができれば、こ

第1章　発達障害を考える

れまでの支援の枠組みでは後手に回っていた当事者の個別の状況への
対応を充実させることができます。

MSPA の特徴

　MSPA は、こうした動機のもとで開発されました。診断ありきでは
なく、診断に先立って個々人の発達特性を評価し共有することで、早
い段階から当事者の特性に見合った個別的な支援を行うことが可能と
なります。「障害」という言葉への偏見やためらいが受診への障壁と
なっていましたが、MSPA ではこれに配慮して障害という言葉を用い
ず、また診断名も使わずに、特性を示すことにしています。このこと
によって、特性評価を受ける側と勧める側の両方にとって敷居を下げ
ることができますし、また支援者の間での評価の共有がやりやすくな
ると考えています。

　MSPA は診断ではなく支援を目的として開発されたツールのため、
生活現場での活用を重視して評価尺度が設定されています。当事者だ
けでなくご家族や教師といった異なる立場の多様な支援者が特性の個
人差を視覚的に理解できるよう、こだわり・睡眠リズム・反復運動と
いった当事者が困りやすい要素とその要支援度をレーダーチャートに
示しています（図1-1）。個人の特性を理解するためには本人がどの
ように・どの程度困っているのかという指標が重要となるため、MSPA
では当事者・養育者からの生活歴の聴取を通して、当事者と評価者で
ある専門スタッフとが共同でこの特性チャートを作成します。MSPA
の評価項目や評価基準については後の第2章で具体的にご説明します
が、支援の必要な特性とその程度を視覚化し、当事者と支援者がそれ
を共有できるようにするということが大きな特徴となっています。

　MSPA による評価は診断ではないため、評価者は必ずしも医師であ

1　発達障害者支援の現状

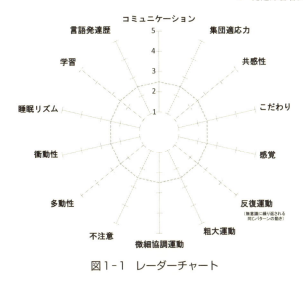

図1-1　レーダーチャート

る必要がありません。発達障害に精通した専門家であれば、研修やトレーニングによって評価者となりえます。診断を受ける以前から使える特性理解のためのツールとして開発されているため、たとえば当事者からの相談を受けた学校や地域の窓口でMSPAの評価を行うことができれば、迅速な支援につなぐことが可能になるのではないかと期待されます。

　支援の充実のためには支援者と医療機関とが共通認識を持って連携をとっていくことが肝心ですが、発達障害にかかわる専門家は精神科医や小児科医、公認心理師や臨床心理士などの心理学的支援者、精神保健福祉士など多様な分野にまたがるため、専門ごとの認識の差というものも生じがちです。こうした専門家間での連携の構築においても、MSPAはそのきっかけや共通言語となるツールとして使いうるのではないかと考えています。MSPAは発達障害者の特性を視覚的に表すことで、当事者と周囲の双方が特性について共通理解を持つのを促すこ

第1章　発達障害を考える

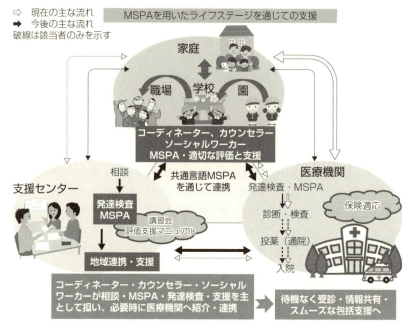

図1-2　MSPAを用いた支援の流れ

とができます。また、どのような生活現場でどのような支援を必要としているのかを多職種にわたる支援者で共有することは、支援の迅速化やうつ・神経症などの二次障害の予防にもつながると考えています。

2　発達障害の特性

発達障害とは何か

　MSPAの評価基準や考え方を具体的にご紹介する前に、本章の以下では発達障害とはどういうもので、どういった点に困難を抱えているのかということを振り返り、MSPAのベースとなっている考え方を示したいと思います。発達障害者支援法では、発達障害とは「自閉

症、アスペルガー症候群その他の広汎性発達障害、学習障害、注意欠陥多動性障害その他これに類する脳機能の障害であってその症状が通常低年齢において発現するものとして政令で定めるもの」と規定されています。

　診断という観点から言えば、精神障害の診断基準として国際的に用いられている『精神障害の診断と統計マニュアル』の第5版（DSM-5、2013年）では発達障害が神経発達症として括られるようになり、知的能力障害、コミュニケーション症、自閉スペクトラム症（ASD）、注意欠如・多動症（ADHD）、限局性学習症、運動症が含まれるとされています。

　神経発達症に含まれるこれらのカテゴリーについて、ごく簡単にだけ説明しておきましょう。

・知的能力障害：全般的な知的機能の制約があり、それによって日常生活における適応にも制約が生じる障害。
・コミュニケーション症：言葉によって他者とコミュニケーションをとることに困難が生じる障害であり、言語症、語音症、小児期発症流暢症（吃音）、社会的（語用論的）コミュニケーション症、特定不能のコミュニケーション症からなる。
・自閉スペクトラム症（ASD）：相互的な社会的コミュニケーションに障害があり、限局した興味や行動パターンといったこだわりがみられる。
・注意欠如・多動症（ADHD）：不注意、多動、衝動性といった症状の特性を示す。
・限局性学習症：全般的な知的発達には遅れがないものの、読む、書く、計算する、といった能力のうち特定のものだけができない

第1章　発達障害を考える

症状のこと。従来は学習障害と呼ばれていた。

・運動症：体を協調させて動かす運動技能が年齢的な水準よりも劣っており日常生活に支障をきたす発達性協調運動症、手を振る・体を揺するといった無目的に見える常同運動を示す常同運動症、突発的・反復的にチックと呼ばれる声を出す症状を示すチック症など。

　このように、神経発達症には複数のカテゴリーがあるのですが、実際には、複数の症状が重複して表れるということがよくあります。その結果、同じ一人の子どもに対して、かかる専門機関によって異なる診断名がつけられるといったことがよく起こるわけです。その診断の整合性について議論をするよりも、むしろ最初から、重複があるということを念頭に置いて個々人の特性を考える必要があるのではないかと考えます。

　また、診断名が同じだったとしても、一人ひとりの子どもの呈する症状がそれぞれ相当に異なるということも、よく知られる通りです。図1-3は、自閉スペクトラム症（ASD）という同じ診断名がつく人の典型的なモデル4例について、MSPAのチャートを重ね合わせたものです。同じ診断名でも特性や困りの程度にはばらつきがあり、一人ひとりに異なる支援が必要であることが見てとれるのではないかと思います。自閉スペクトラム症（ASD）でも多動が顕著な場合や感覚過敏が主な困りの場合もありますし、また不注意優勢の注意欠如・多動症（ADHD）でもこだわりが強く、その点への支援が優先されるケースもあります。この意味でも、診断さえつけば適切な支援につながるというわけではなく、個々人の特性ごとに必要とする支援も異なるということに留意する必要があります。

8

2 発達障害の特性

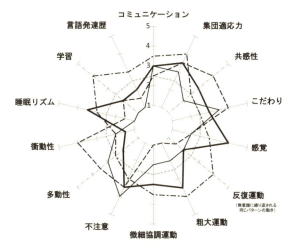

図1-3 自閉スペクトラム症の4例

自閉スペクトラム症（ASD）と広汎性発達障害（PDD）は何が違う？

　医療機関での診断は、アメリカ精神医学会のDSM-5（『精神障害の診断と統計マニュアル』第5版、2013年）や世界保健機関（WHO）のICD-10（『国際疾病分類』第10版、1990年、2013年改訂）による診断基準によって下されます。

　最新のDSM-5では診断の定義に大きな改訂があり、DSM-IV-TRで広汎性発達障害（PDD）の診断名の下にあった自閉性障害、アスペルガー障害、特定不能型広汎性発達障害が、自閉スペクトラム症という名のもとに統合されました。そのため、本書では自閉スペクトラム症という表記を用いています。

　MSPAの英語での正式名称はMulti-dimensional Scale for PDD and ADHDですので、「PDD」という単語が用いられていますが、これはMSPAの開発がDSM-5の改訂以前に行われていた事情によるもので

第1章　発達障害を考える

す。自閉スペクトラム症（ASD）の評価にも使えると考えていただいて問題ありません。

発達障害に使われる検査

　発達障害の評定に使われる検査は数多く存在しますが、おおむね以下の4つのタイプに分けることができるでしょう。

①発達検査・知能検査

　WAIS-III、WISC-IV、新版K式、K-ABC、田中ビネーなどがあり、標準化されているため妥当性を持って発達や知能レベルを知ることができます。これによって明らかとなる認知機能のばらつきによって発達障害らしさを知ることができますが、発達障害者に必ずばらつきがあるわけではなく、これ自体を診断に用いることはできません。ただし、発達・知能レベルは生活適応に大きく影響する上、発達障害の特性による困難をカバーすることもありえますし、認知機能のばらつきを知ることは生活上の工夫や支援にもつながるため、広く発達障害者に用いられている有用な検査です。

②質問紙調査

　あらかじめ定められた多くの質問に、当事者の方もしくはその方をよく知る方が答えていくものですが、各質問に対してあてはまる程度を2～5択で回答する形式が一般的となっています。自閉スペクトラム症用では、m-chat、ASQなどが知られています。質問紙の長所は、誰でも10分程度で簡単に施行できる点であり、多くの質問紙が開発されています。ただし、その結果に記入者の主観がわりと入り込んでいる、という点は拭えず、同じ子どもについての評

価であっても、父、母、教師、本人が記入した場合に、それぞれ結果が大きく異なるということが一般的にありえます。このため、1人の評定のみをもって診断の指標とするのは危険であることに注意が必要です。逆に考えてみると質問紙は、対象者の行動パターンの情報を得る目的以外にも、記入者が対象者をどう思っているか、という周囲の認識を把握するために活用することができます。

③構造化面接

　当事者との面接による評定で、施行者が誰であっても一定の結果を出せるように質問項目が設定されているため、評定が安定しやすいという長所があります。しかし、質問項目が決められていることで柔軟さに欠けるところがあり、結果として所要時間が長くなる傾向があります。たとえば、自閉スペクトラム症の面接スケールとして ADI-R や DISCO がよく知られていますが、それぞれ3〜4時間を必要とします。さらには評定者の研修も必要となっており、日常の臨床で使いやすいとは言いにくい側面があります。

④行動評価

　対象者の行動特性を見て、また情報を収集して、総合的に評定者が判断するというもので、ある程度の時間内に客観的な結果を出すことができるという長所があります。自閉スペクトラム症の評定では、ADOS が知られています。その一方で、評定者にスキルが必要となるため、研修を受けた上でのライセンス制度となっているものが多いことが制約となっています。

このように、世界には数多くの発達障害の評価スケールが存在しま

第1章　発達障害を考える

すし、多くのツールが翻訳されて日本にも取り入れられてきました。これによって、国際的に妥当なツールで国内でも評価を行うことができるようになってきています。

　しかしこれらのツールについてあらためて考えなおしてみますと、診断を目的とするものが大半であったことに気づかされます。医学的観点から見て正確な診断が重要であることは言うまでもありませんが、当事者にとってはどんな診断がつくかよりも、どうすれば生活しやすくなるのかといったことのほうが重要であり、それに向けた支援こそを望んでいるのではないかと思われるのです。これまでの評価ツールでは支援の現場に必要な要素を包括的に評価することができないと気づいたことも、私がMSPAを開発する動機となりました。

3　発達障害者のライフステージと困りの変化

発達障害者のライフコース

　発達障害は遺伝的な背景や生得的な要因が強いため、一般に幼少期からその特徴がみられます。しかし、幼少期に診断を受けている人ばかりではなく、診断されない、または気づかれないまま生育する人も多いのが実情です。問題なく社会に適応できている方もおられれば、どこかの時点で適応に困難を生じる方も多く、その場合、成人後に初めて受診してさかのぼって発達障害と診断されることもあります。うつ病や神経症、不眠症など他のさまざまな精神疾患を合併する確率が高いのも発達障害の特徴です。

　このように、一定の特性を持つとはいえ、発達障害者のライフコースは非常に多様であると言えます。もとの特性の個人差が大きい上に、環境によってそのみえ方や適応状態は異なり、また本人や家族の考え

3　発達障害者のライフステージと困りの変化

方や生活様式によっても状態が変わってくることが、この多様性の要
因と考えられます。

生活場面での困りの質の変化

　発達障害者が生活場面で抱える困りの質と内容は、ライフステージ
ごとに異なって出てくると考えられます。それぞれの時期をどのよう
に捉えるべきか、またその時期ごとに必要な支援とは何なのかを見て
いきましょう。

①乳幼児期

　本来、養育者との二者関係を確立することからはじまり、基本的
な人への信頼関係を構築していく時期にあたります。この時期に、
人への興味より物や本への興味が強いと、人との相互関係を築きに
くくなるかもしれません。また、こだわりが強く、育てにくいと感
じられることもあるでしょう。この時期の支援は、保護者へのサポ
ートが中心となります。保護者の精神的な安定と子どもに対する理
解が子どもにとって重要となるため、保護者の負担を減らすような
肯定的な支援が望まれます。

②児童期

　保護者と過ごす時間が減り、学校での時間が長くなります。とく
に小学校低学年時は、集団生活の練習の場であるため、「みんなと
仲良くしよう」「きちんと座って授業を聞こう」「忘れ物はしない」
など、発達障害児が苦手とすることを次々と要求され、できないと
叱責されることも多くなります。あるいは、学習面での困難が生じ
る子どももいます。自己評価が低くなったり、対人不信を募らせた

13

第1章　発達障害を考える

りということがないように、この時期には、教師が子どもの特性を
理解し、人前で叱責しないなど配慮することが必要です。

③思春期・青年期

　児童期にみられたような状況は、次第に改善されていくことが多
いでしょう。しかし思春期になると、同年齢・同性のグループを作
って行動することが一般的となり、その輪に入れないということが
起こってきます。児童期までであれば、教師などが外れた子どもを
輪に入れるといった配慮をし、それを子どもたちも受け入れやすか
ったのが、思春期以降になるとグループ内での秘密事の共有なども
あり、大人が関係性に手を加えることは逆効果にもなりえます。こ
のように、友達の輪から外れることで疎外感を感じ、場合によって
は被害念慮や対人不信を引き起こしたり、孤立が続くことで妄想傾
向へと発展したりといった恐れがあります。この時期には、いじめ
が起こらないように配慮をすること、起こった場合には被害念慮が
固定化する前に早期に介入することが重要と考えられます。

④成人期

　たとえ環境が合わなくてもその集団に属しておかなくてはならな
かった児童期や思春期を過ぎて、選択肢が増えるのが成人期と言え
ます。しかし、次に問題となるのが就労です。就労が続かなければ、
抑うつや自己否定感などが生じやすくなります。なぜ自分がそのよ
うな状況に置かれるのかが、自分では理解できないことが問題を大
きくします。自分の特性を理解して、それにあった環境を選び、調
整し、できれば職場でのルールを明確にして、納得の上で生活・就
労していくことが望ましいと考えられます。

また、就労と並んで大きな問題となるのが子育てです。平成28（2016）年の発達障害者支援法の改正では「乳幼児期から高齢期までの切れ目のない支援」ということがうたわれ、就労支援に関して大きな前進がみられました。次に留意すべきと思われるのが、発達障害者の方が子育てをする際にどう支援するかという観点です。就労せずに家庭に入っておられる方も実際には相当多いはずですので、就労支援と並行して、育児支援も大切だと思います。発達障害者が親となった際の子育てをどうサポートするかという点は、次世代に影響することだけに、非常に重要です。自分の特性を理解した上で困りやすい点をあらかじめ予測し、周囲の協力や支援を得ながら子育てができるようにしていくことが必要です。

こうした大まかな変化を想定した上で、次のライフステージでのトラブルを未然に防げるよう、専門家は長期的視野を持って助言をしていくことが望まれます。どのライフステージで困難が生じるかは、個別の特性、また環境によって異なってきます。たとえば、小学校入学時はじっとしておくことや持ち物の管理が難しく、支援が必要だったけれども、その後は困りが減っていく方もおられますし、逆に子どもの頃は大きな困りはなく過ごせたけれど、職場で空気を読むことが難しく、どうしても就職が続かないといった方もおられます。このように困難の生じ方は千差万別であるものの、個別の特性と環境から要求されることをおおまかに把握しておけば、どのライフステージでどのような困りが生じるかについては、ある程度予想を立てることが可能となってきます。その人にとって次のライフステージになれば自然と解決されるような問題にはあえて焦点化せずに、ある意味希望を持って、次に備えることも可能かもしれません。

第1章　発達障害を考える

二次的な問題を予防する

発達障害を遠因とする二次的な問題として、不眠やうつ、神経症などのメンタルヘルスの悪化があげられます。また、妄想傾向やパーソナリティへの影響も考えられます。診断の有無にかかわらず、また診断上は閾値未満となる場合でも、個々人の特性によって生活上の困難が生じることは多くあります。特性の程度、環境要因、認知能力、ストレス耐性などさまざまな要因が絡み合うため複雑な問題ではありますが、発達特性に由来する困難を抱える人に対して適切な支援を行うことが、二次的な精神疾患の減少につながり、ひいては、いじめやひきこもり、就労をめぐるトラブルといったさまざまな社会問題の緩和にもつながると考えられます。

二次的な問題を予防するには、当事者が自らの発達特性を知り、周囲とそれを共有し、それに見合った環境を選んでいくことが必要です。発達特性をよく知ることで二次的な問題を予防する、という視点が重要であると考えます。

第2章

MSPA とはどういうものか

1　特性と要支援度を視覚化する

レーダーチャート開発の目的

　それではいよいよ、MSPA の目的や特徴を具体的に見ていくことにしましょう。

　はしがきや第 1 章でも示したように、MSPA は、発達障害者個々人の支援のニーズを当事者本人や支援者が一目でわかるように視覚的に示すことにより、本人と周囲との共通理解を促進し、多職種が連携して発達障害者の支援を迅速に進められるようにすることを目的として開発されました。発達障害と一口に言っても、多動、感覚過敏、不器用など特性とその程度の個人差が非常に大きく、また一般の支援者にとっては、診断名だけからではどんな支援が必要なのかがわかりにくいことが、個別の支援の障壁となっていました。

　発達障害者の数が増えていること、また一人の発達障害者に対する支援者は複数であることを考えると、非専門家も含めた支援者にとってわかりやすい支援法を提示できることが実践的に重要であると考え

17

第2章　MSPAとはどういうものか

られます。また支援の内容は、個人の特性に合わせたきめ細かいもの
でなければなりません。発達障害者の不得手とする部分を補う支援だ
けでなく、本人の長所を積極的に引き出すことが、その方の自己肯定
感や生活全般の過ごしやすさの改善につながり、それが優先されると
いった場合もあります。

　こうした課題に応えることをめざして、要支援項目とそれぞれの程
度を図示し、特性が一目でわかるようなレーダーチャートとして
MSPAを開発しました（図2-1）。

14項目の特性と9段階評価

　このレーダーチャートでは、発達障害者が多く有する特性で生活上
の困りにつながりやすいものを14項目にまとめ、それぞれの特性を
9段階評価で表しています。14項目は以下のように発達障害の下位分
類のそれぞれに特徴的な特性を抽出した上で、関連する特性で困りに
つながる重要な因子を加えています。

　　・自閉スペクトラム症（ASD）の特徴：コミュニケーション、集団
　　　適応力、共感性、こだわり、感覚、反復運動
　　・運動症の特徴：粗大運動、微細協調運動
　　・注意欠如・多動症（ADHD）の特徴：不注意、多動性、衝動性
　　・その他：睡眠リズム、学習、言語発達歴

　図では、自閉スペクトラム症（ASD）に関わる特性が右上、運動に
関わる項目が右下、注意欠如・多動症（ADHD）に関わる項目が左下、
学習などが左上という形で、関連した項目が近接するように配置され
ています。これによって、困りやすい特徴を一目で把握することが可

18

能になります。また、支援を行う上では、その人の得意分野を知ることも大変重要です。発達障害者は困難さとともに、特技やとくに得意な分野を持ち合わせていることが多いので、これらを積極的に見出し、軸として生かしていくことで全体的に過ごしやすくなると考えられます。そのため、得意分野およびその程度の聞き取りを最後に行い、これも欄外に記載するようにしています。

　この各特性を9段階の重症度の評価基準（要支援度）で評価するわけですが、大きくは以下の5段階に分け、その中間を加えた9段階評価となっています。

1　気になる点はない

2　多少気になる点はあるが通常の生活環境において困らない

3　本人の工夫や、周囲の一定の配慮（上司、担任など責任ある立場の人が把握し配慮する程度）で集団生活に適応　＝軽度

4　大幅な個別の配慮で集団生活に適応（上司、担任、同僚などの十分な理解や的確な配慮による支援がなければ困難）　＝中等度

5　集団の流れに入るより個人単位の支援が優先され、日常生活自体に特別な支援が必要となる　＝重度

　少し補足しておきますと、上記の3では、成人で比較的認知機能が高い場合などは、自分で何らかの対策を練ることで対応が可能な場合があり、支援を求めないこともあります。3の場合に必要な配慮というのは、そのグループ・集団をリードしている上司の方や担任の先生、親友などの特定のキーパーソンが、たとえば授業が終わるたびに「黒板を消してね」「プリントを配ってね」などと本人に何らかの役割をお願いするといったことです。その役割を本人がしっかりと果たすこ

第2章　MSPAとはどういうものか

MSPA特性チャート

氏名
評定日
評定者氏名
実施施設名

評定対象者の利益につながる目的での
使用に限り、特性チャートのみコピー可
ただし以下の情報を明記すること

特性チャートの 複製責任者
特性チャートの 提　出　先

得意分野・特技 とその程度

特記事項

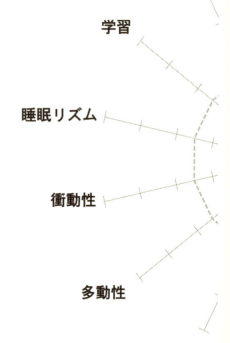

図2-1　MSPA特性チャート

1 特性と要支援度を視覚化する

	要支援・要配慮	
3	4	5
本人の工夫や、周囲の一定の配慮（上司、担任など責任ある立場の人が把握し配慮する程度）で集団生活に適応	大幅な個別の配慮で集団生活に適応（上司、担任、同僚などの十分な理解や的確な配慮による支援がなければ困難）	集団の流れに入るより個人単位の支援が優先され、日常生活自体に特別な支援が必要となる

点線外がサポートの参考ラインです

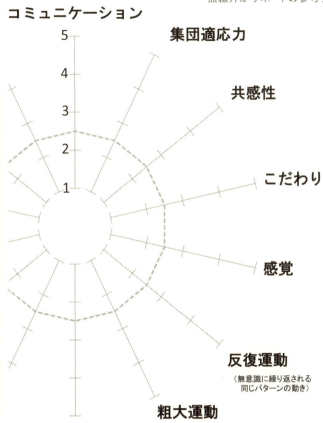

※複写使用禁止
特性チャートを含む MSPA 記録用紙は京都国際社会福祉センターを通してご購入ください。

とで、その集団の中で帰属意識をしっかりと持ち、適応できるように
なるということが期待されます。

　4にあたるのは、3のように特定のキーパーソンが配慮や支援を行
うだけでは不十分で、つまり、その配慮が1人だけへの異なる対応と
して目立ってしまうため、周囲の関係者にも理解と配慮を得る必要が
出てくるような場合です。5になりますと、無理に集団への帰属を考
えるよりは、まず個別に快適な環境を提供した上で、「ではバスに乗
れるようにしましょう」「買い物に行けるようにしましょう」という
ように、少しずつ段階を踏んだ個別支援を行うことが優先されます。

　この5段階の重症度の評価基準は、著者（船曳）らのグループが
2011年に *Research in Developmental Disabilities* という国際ジャーナ
ルに論文として発表していましたが[2]、2013年に改訂された精神障害
の国際的な診断基準である DSM-5 でも、この評価基準にちょうど対
応するような形で、要支援度による重症度のレベル分けが明記されま
した。DSM-5 における自閉スペクトラム症の重症度水準では、レベル
1が上記基準の3、レベル2が上記の4、レベル3が上記の5にそれ
ぞれ対応します。また、注意欠如・多動症（ADHD）や限局性学習症
の重症度水準では、軽度が上記の3、中等度が上記の4、重度が上記
の5にそれぞれ対応します。

　図ではスコア2.5の部分を点線で示してありますが、この点線はサ
ポートの必要性を示す参考ラインであり、この外側に来る項目に注目
して支援や医学的な介入を行うことになります。MSPA を使った個別
の現場での支援の方向性については第3章で取り上げますが、特定の

---

2) Yasuko Funabiki, Hisaya Kawagishi, Teruhisa Uwatoko, Sayaka Yoshimura,
Toshiya Murai, "Development of a multi-dimensional scale for PDD and ADHD,"
Research in Developmental Disabilities 32, 2011, pp. 995-1003.

ものへのこだわりに起因すると思われていた行動が実は感覚過敏によるものであり、感覚に対して対応をすると落ち着いたといったケース、また多動や衝動性によると思われていた行動がこだわりから来ていたことが判明し、こだわりを認めた支援をすることにより飛び出しやパニックが収まったケースなど、レーダーチャートのスコアを参考にすることで、より適切な支援が可能になった事例が複数報告されています。

　このスコアはまた、発達障害に対して薬物療法を用いるかどうかといった医学的な判断においても、目安として考えることができます。発達障害には特効薬はありませんが、いくつかの症状に対しては対症療法的に効く薬があります。感覚過敏やイライラに処方される抗精神病薬や、衝動性・多動性・不注意を抑えるメチルフェニデート、アトモキセチンなどです。スコア3程度であれば環境の調整や生活上の工夫で対応することが望ましいですが、4が複数ある場合には生活困難度が高く、薬物治療の必要性が示唆されますし、単独でも4.5や5がある場合には、危険性を鑑みて薬物治療が勧められます。さらに、年齢や環境にも大きく依存しますが、多動に対してはどちらかというとメチルフェニデート、不注意はアトモキセチンなどというように、特性別に薬物を使い分ける際にも、MSPAを参考にすることできめ細かい判断を行うことができます。

　発達障害は、診断がついたとしても即治療となるとは限らず、生活上の工夫が優先される場合と治療を急ぐ場合の見分けが必要となります。重症度、年齢、環境、本人や家族の理解、生活上の工夫、可能な支援の程度によって医師の判断がなされるわけですが、医療的な観点から見ても、重症度を判定するということは重要な意味を持ちます。MSPAはこの意味でも有効に活用されうるものと考えています。

第2章　MSPAとはどういうものか

　支援の際には、発達障害の特性に加えて、認知機能（理解・判断・論理などの知的機能）が大変参考となります。第1章第2節で述べた知能検査の下位項目のばらつきから、認知機能レベルでの得意不得意がわかり、生活上の工夫や配慮に活かせます。また、年齢が上がるにつれて、知的能力が高い場合は理性的な思考によって適応行動をとろうとすることで発達障害の行動特性の困難さがカバーされることがあり、将来の適応性を予測する際にも役立つと思われます。このように認知機能もまた重要な要素となるため、併せて把握しておく必要があると考えています。

2　生得的な発達特性を評定する

MSPA のスコアは変動しない

　MSPAは、一般的な社会環境における適応を基準として、できるだけ個人の生得的な発達特性を評価するものです。現在の適応状態ではなく、生来の発達特性による困り度を評定するという点に最大の特徴があります。MSPAは幼少期からの発達歴を縦断的に丁寧に聴取し、環境の要因をできるだけ除いて、生来の変わりにくい部分を抽出して評定するため、その得られる情報に変化がなければ、スコアはあまり変動しないものとして設計されています。

　したがって、よく誤解されがちな点なのですが、何度もMSPAの評価を受けることでスコアが上がっていくという種類のものではありません。これはもちろん本人の能力が伸びていくことを否定するものではなく、状態像の変化を捉えようとする場合には別のツールが必要となるということです。

　なお、評定結果で要支援度の評点が高い場合でも、環境に十分適応

2　生得的な発達特性を評定する

できているという方も多くおられます。これは、周囲の理解と適切な環境調整によって、またご本人の工夫によって、大きな効果がみられたと理解することができます。また、評点自体は低くても、適応困難という場合もあるでしょう。その場合は、環境調整を試みることで適応状態を改善できると考えます。

MSPA 評定結果の特徴

- 発達歴は変化しないため、評定結果も変化せず、環境に左右されない
- たとえ環境が変化した場合でも、MSPA の評定結果は変わらない

MSPA 評定結果の考え方

- 評点が高いにもかかわらず、環境に適応できている場合
  →環境調整や本人の工夫に大きな効果がみられたと解釈する
- 評点は低いけれども、適応困難な場合
  →環境調整を試みる

MSPA の概要

　MSPA は自閉スペクトラム症（ASD）と注意欠如・多動症（ADHD）を主な対象として考案された評価尺度ですが、それ以外の方に対しても施行可能ですし、診断上は発達障害の閾値未満となる方についても、その特性を捉えることができます。年齢については 2 歳以上であれば施行でき、幅広い年齢層に対して使うことができます。ただし、未就学児の場合は学習の項目の評価が困難となります。また、幅広い年齢

第2章　MSPAとはどういうものか

層を対象とするため、MSPAの評価を行う上では、評価者は定型発達についての十分な知識を持った上で、実年齢と発達年齢（発達水準を年齢で示したもの）を考慮して評価を行う必要があります。

　先に第1章でも示した通り、評価者は必ずしも医師である必要がありません。発達障害に精通した専門家であれば、研修やトレーニングによって評価者となりえます。ただし、評定はMSPAの考え方や評定基準について理解し、十分な評定練習を積んだ上で行う必要があるため、現状では、京都国際社会福祉センターが主催している講習会を受講してから使っていただくことを原則としています（詳細は巻末のQ&Aを参照してください）。

　MSPAの実施にあたっては、必ず本人（未成年の場合は保護者）から同意を取得することが必要です。また、MSPAは必ず本人（対象者）と直接会って面談した上で評定するということを遵守事項としており、会えない場合には「情報不十分による暫定評価」と明記するように定めています。先にも述べましたが、変化しにくい発達歴を丹念に聴取する評価法であるため、繰り返しの評定は行わないことが原則となります。ただし、情報不十分による暫定評価の場合で長期経過の後に十分な情報が得られた場合にのみ、再評定となる場合があります。

　MSPAの評定を行う際には、評定者は可能な範囲で多角的な情報から対象者の発達特性を読み取る必要があります。このため面接の前に、対象者、養育者、学校の先生や会社の上司などに事前アンケートを依頼します。事前アンケートは、主たる情報提供者用の様式A（乳幼児期の成育歴を含む）と、その他の情報提供者用の様式B（乳幼児期の成育歴を含まない）とに分かれており、記入者には互いに話し合わず、それぞれ独立して回答してもらいます。記入者同士が話し合ってしまうと誰かの意見に統一されてしまう可能性がありますが、多角的な情

2 生得的な発達特性を評定する

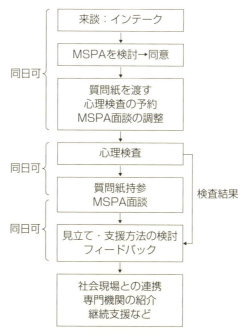

図 2-2　MSPA 実施の流れ

報を踏まえて専門家がそれを判断するほうが正確な評価ができるという判断から、こうしたやり方をとっています。

　事前アンケートでは、14 項目の特性に関わる質問項目がそれぞれ 5 〜 10 項目ずつあり、それに対して、「まったくそう思わない」「少しそう思う」「わりとそう思う」「とてもそう思う」の 4 つのなかから現在の状況に対して「✓」、幼少期の状態に対して「○」をつけていただく形をとります。質問項目は、たとえばコミュニケーションでは「他者への自発的なかかわりがあまりない」「やり取りの中で視線や身ぶりを使うことが少ない、または苦手」「単調または不自然なイントネーションで話す」など、集団適応力では「集団では孤立しやすい」「同

年齢の友達関係をうまくきずけない」「おゆうぎ会、運動会等の集団行動に参加するのが難しい、または苦手」などといった設問となっています。対象者が小学校低学年以下の場合は「○」のみ、年齢に満たない項目や該当しない項目は空欄とします。また、得意分野に関する質問項目もあり、同様のチェックをしていただきます。

発達障害の評定では、幼少期の状態についての情報が非常に重要になります。評定の際には「○」の位置を重視するわけですが、ただ、現在の対象者への支援ということを考える場合には、今どこで困っているのかということをしっかりと聞き取る必要があります。その意味で、幼少期の「○」と現在の「✓」の両方をつけていただき、「今はこうだけど、昔はこうだった」という形で、アンケートに答えながら自分の今と昔の状況を本人や支援者の方に冷静に見ていただき、そして特性を評定しながら今の状態の支援につなげる、ということが重要だと考えています。

これに加えて、主たる情報提供者用の様式 A にのみ、出生時の状況、運動発達の時期（たとえば首のすわりが生後何ヶ月だったかなど）、乳児期の様子（人見知りや後追いがあったかどうかなど）、言葉の発達（最初の意味のある発語が何歳何ヶ月だったか、二語文が何歳何ヶ月だったかなど）、排泄の自立時期、利き手といった基本的な事項の記載が加わります。

発達特性は幼少期に最もよく表れるため、対象者の幼少期から小学校低学年の頃の様子について、可能な限り養育者からの聞き取りを行うことが重要です。また、母子手帳や学校の通知表などの客観的資料も評定に有用なため、できるだけ持参してもらいます。面談時には、可能であれば保護者や養育者など幼少期から関わっている人が同席することが望ましいですが、ニーズや希望に沿う形で進め、場合によっては同伴者とは別々の面談が必要なときもあります。とくに、状況を

理解できない子どもの場合には、別にすることが一般的です。

　なお、MSPA を実施する際の原則として、本人も周囲の方も「無理をしない」ということの重要性を指摘しておきたいと思います。正確な評定のためには情報収集が肝要なのは指摘した通りですが、難しい事情があれば、養育者には来ていただかずに質問紙のご協力のみを郵送でお願いするのでも構いませんし、場合によっては連絡も差し控えるほうがよいというケースもあるかもしれません。情報が多い方が評定は正確となりますし、情報が少なければ暫定評定となりますが、ご本人や養育者の方に協力を強いて負担をかけるのが望ましくない場合もありえます。その時の事情が許す範囲内で実施する、無理なくできることをする、というスタンスを心掛けていただくことが重要だと考えています。

　事前アンケートなどの情報収集と結果処理を含め、評定の施行時間は1時間半程度が通常です。十分な情報が揃っており、評定者が慣れていれば、評定のための面談の部分は30分程度で施行可能です。ただし、通常は情報収集やその後の説明や相談にさらなる時間を費やしています。

　MSPA では評価に基づいてレーダーチャートを作成した上で、チャートの説明や助言を含む面談を行います。対象者や養育者へは、レーダーチャートのみをお渡しし、詳細な情報が記載されている記録用紙はお渡ししません。記録用紙には個人情報が多く含まれているため、評価者が所属する機関において、厳重に管理することが必要です。詳細な個人情報を含まないチャート部分のみをお渡しするからこそ、それを多様な支援者の間で共有することが可能になるのです。

　また、このお渡しするチャートのシートの左の方に、複製責任者、提出先の欄があります。MSPA は生活現場での共通理解を通した支援

を目的としているため、このレーダーチャートは支援者に共有していただきたいものです。しかし一方で、チャート自体もわかりやすい個人情報でもあります。この連携と個人情報保護の両面のバランスをとるために、この欄が設けられています。支援の際に必要な人に限り、本人または未成年の場合は保護者の了解のもとにコピーを渡し、その際に誰が誰に渡したかを記載していきます。ここに記載のない人が持っていてはならないとすることによって、個人情報を守っています。

　チャート作成後の面談では、問題解決の方法や、現状を改善するのに有効なサポートや工夫についても助言を行います。この際、各項目において高い数値は困難さを抱えていることを意味する一方で、それが思わしくない結果となるばかりではないということも、あわせて伝えることが大切だと考えています。たとえば、ある項目で高い数値を示す人のなかには、素晴らしい功績を残している有名な画家や偉大な学者などもたくさんいらっしゃいます。特性の偏りを強みとして発揮できる場合も多々あるわけです。数値が高いから優れているとか劣っているということではなく、一般的な社会環境への適応を基準として持っている特性を明らかにし、それを通して生活の質を向上させるためのものであるということを理解してもらうことが重要です。

とくに留意していただきたいポイント
・基本特性を認識するためのものであり、変化をみるものではない
・発達歴をみるため、基本的に1回のみ実施する
・必ず本人（未成年の場合は保護者）から同意を取得する
・必ず本人と面談する

・診断への言及は避ける

・事情の許す範囲内で、「無理をしない」ことを心掛ける

3　14 項目の評価基準

スコアリングの原則

　以下ではレーダーチャートに示した 14 項目の特性を、どのように評定するのかを示していきたいと思います。

　各項目のスコアリングは、生得的な特質に関連する臨床や行動上の特徴（特性）を評価するようにし、学校や職場などの環境因子によって引き起こされる行動（状態）とは分けて考えるようにします。特性と状態は完全には切り離せないものではありますが、その場の状況によって変化する環境因子はここでは点数化せず、また身体疾患の影響も除くようにします。こうした切り分けと評価を適切に行うためには、やはり一定の専門的な知識とトレーニングが必要となるでしょう。最終的に、評点はそれぞれの特性を示す項目ごとに、一つの数値となります。

　なお、環境因子はスコアリングから除くと書きましたが、評価の正確性を向上させる上でも、また後で適切な支援や介入を検討する際にも、当事者が置かれている環境や状況を把握しておくことは非常に有用です。その意味でも、正確な情報を広く総合的に集めることが重要であると言えます。

　MSPA の開発段階で各特性の評価基準を設定する際には、発達障害者を日常的に診療する児童精神科医のミーティングを週 1 回ずつ定期的に開催し、試行しながら繰り返し意見交換を行うことによって、

31

第2章　MSPAとはどういうものか

改良を重ねました。また、教育現場の方たちや臨床心理士、言語聴覚士などの専門職の方たちとも話し合い、意見を取り入れました。評価者による差が出にくいよう、児童精神科医と医師でない療育スタッフ（大学院生）に参加してもらって評価の一致率を検討し[3]、医師と非医師とでの値の比較研究も行いました。この研究の詳細はここでは省きますが[4]、繰り返し試行するなかで毎回参加者のミーティングを行い、評点のずれやすいポイントやその修正方法を模索しつつ、スコアリングのマニュアルに反映させていきました。これにより、評価者が発達障害について十分な知識と理解を持ち、評価のコツをつかみさえすれば、職種に関わらず評価の信頼性を獲得できるという確証を得て、本スケールは完成しました。

　このように、医師でなくても評価を行えることがMSPAの大きな特徴ですが、とはいえ、評価を行えるのはあくまで発達障害に精通した臨床家・実務家に限られること、評価はマニュアルに則って行われなければならないこと、評価者は講習会を通じて研修・トレーニングを受ける必要があるということを、あらためて強調しておきたいと思います。

14項目の評定

　それでは、14項目の各特性について一つひとつ見ていきましょう。それぞれの項目がどういった点に注目するのか、具体的なチェックポ

3）船曳康子・廣瀬公人・川岸久也・大下顕・田村綾菜・福島美和・小川詩乃・伊藤祐康・吉川左紀子・村井俊哉（2013）「発達障害者の特性理解用レーダーチャート（MSPA）の作成、及び信頼性の検討」児童青年精神医学とその近接領域54（1），14-26.

4）関心のある方は、厚生労働科学研究成果データベースより、「発達障害者の特性別適応評価用チャートの開発」（研究代表者：船曳康子）の総合報告書を参照してください。http://mhlw-grants.niph.go.jp/niph/search/NIST00.do

イントとともに挙げていきます。また、その項目で要支援度が高い場合にどういった場面で困りやすいのか、また特性の出方やみえ方が成長とともにどう変わるのかということも、ライフステージに即して簡単に示すことにします。以下の評定の基準やチェックポイントに関しては、2014 〜 2017 年に社会技術研究開発センター（RISTEX）からの支援を受け、コラムに寄稿いただいた現場の方たちを含む多職種の専門家が議論を重ねて作成した MSPA 記録用紙（京都国際社会福祉センター発行）から一部引用しています。

1. コミュニケーション

　この項目では、言語的コミュニケーションだけでなくジェスチャーや指差しなどの非言語的な補いも含めて、スムーズに意思疎通をできるかどうかを評価します。発信の側面と相手の意を汲んで理解する側面のそれぞれについて、一対一の直接的なコミュニケーションだけでなく、集団の場面、電話の場面などにおける質に着目して、誤解の生じやすさ、表現の豊かさなども含めて総合的に評定します。

　この項目は年齢による影響が大きいため、子どもでは発達年齢に応じて評価します。他の項目である「共感性」や「言語発達歴」に関わる要素はなるべく除外して、意思疎通という点に焦点化することが重要となります。以下のような点が主要なチェックポイントとなります。

・相互的なやり取りが成立するか
・オープン・クエスチョン（「はい」「いいえ」などの選択肢がなく、回答者が自由に考えて答える質問）にどれだけ答えられるか
・視線や身振りをコミュニケーションに適切に組み合わせることができるか

第2章　MSPAとはどういうものか

・言葉を字義通りに理解せず行間を読むことができるか
・他者への相談が適切にできるか
・本やインターネットで得た情報についてうのみにして伝えること
　はないか
・インターネット上（SNSなど）でのコミュニケーションに支障が
　生じていないか

　乳児期に共同注意が成立していたか、呼名に反応したか、また幼児
期に自発的に出来事を報告したかという点が評定において重要となり
ます。この項目の評定（要支援度）が高い場合に困りやすい点としては、
職場において報告・連絡・相談の必要性やタイミングがわからないこ
とで業務に支障が出るとか、電話対応が困難であるといった場合があ
ります。指示は紙に書いてもらうかメールで伝えてもらうようにする、
自分でも書いてみるといったことが対応法として考えられます。また、
子育てにおいて子どもへの声かけの仕方や働きかけ方がわからなかっ
たり、子どもとの相互的な関わりに困難が出たりするケースがあるた
め、それを補うための支援が必要となります。

2. 集団適応力
　一般的な集団において、周囲の動きや流れ、あるいは場の空気を適
切に読み取り、集団に適応し、その集団における関係を継続すること
ができるかどうかをこの項目で評価します。集団で同調行動がとれる
か、年齢相応の社会のルールや常識を身につけているかなども含めて
総合的に評定します。
　評定に際しては、集団の中で他人と関わっているか、知的に同レベ
ルの友達と交流し、友達関係を維持できるか、などに着眼します。集

団において特定の役割以外は困難な場合（たとえばリーダーのみしかできないなど）もここで評定します。チェックポイントは以下の通りです。

・集団に所属している意識があるかどうか
・グループ活動の際の参加意欲や態度
・同年齢集団および異年齢集団との関わり方
・自らの行動を社会のルールや常識に合わせられるか

この項目で評定が高い場合、ライフステージの各段階において、孤立しやすいことや、グループ活動・部活動などでの困難が生じやすいことが予想されます。幼児期であればお遊戯会、学校では文化祭や体育祭といった行事への参加に苦手意識を持つ場合があります。成人期では仕事外でのつき合いや、子育ての際のママ友とのつき合いなどが問題となるケースもあるため、予測を持って対処することが望まれます。

3. 共感性

他者の感情の察知や理解、自身の感情の理解とその表現などを通じて、他者と感情の共有ができるかどうかをはかる項目です。相手の感情を的確に捉えて相手の心情に負担をかけることなく関われるかなども含めて総合的に評定します。

コミュニケーションの項目では意思疎通・伝達の側面に注目するのに対し、この共感性の項目では感情の読み取りや表現を中心に評価します。チェックポイントは以下の通りです。

・微妙な感情を含め、表情が豊かかどうか

第 2 章　MSPA とはどういうものか

・親友の継続性
・他者のあいまいな表情について状況文脈から、その感情を推察できるかどうか
・話をするとき、相手の気持ちや立場などに配慮することができるか
・実際にトラブルになっているかどうかに関わらず、感情の読み取りや表出の質の程度により評定する

　幼児期に人見知りや後追いをしたかどうか、他者への興味を示したかどうかが評定に際して重要となります。評点が高い場合、悪気はないのに相手を不快にさせたり、自分独自のルールを人に強要したりといったことが生じる可能性があります。また、親友の継続性にも影響があります。

4.　こだわり

　こだわりの強さと奇異さ、もしくは柔軟性の乏しさが、自身および他者の日常生活をどれくらい阻害しているかをこの項目で評定します。こだわりの対象は何でもよく、多岐にわたります（もの、特定分野の知識、やり方、考え方、順番、ルール、感触、空想、回転物を眺めるなど）。また、同じ方でもこだわる対象は変化していきますが、こだわる、という特性は続きます。
　マイペースすぎて周囲とギクシャクするといった場合もここで評価します。チェックポイントは以下の通りです。

・興味対象の偏りと強い興味
・以下のうち、該当する項目があれば、3以上を疑う（奇異なこだ

わり、明確な独自の手順ややり方がある、ルール変更やスケジュール変更への過度の抵抗）
・こだわり通りにいかない場合に癇癪を起こすこともあるが、感情のコントロールにより癇癪を抑えている場合があることも念頭におく
・癇癪をおこしている場合は、その持続時間や程度を考慮する

　この項目の評点が高い場合、幼児期におもちゃをずらっと並べるのを好むことが多いほか、特定のものへの強いこだわりがみられるケースが多くあります。図鑑が大好きで特定の分野の知識だけを収集したり、気に入った同じ服を着続けたりといった行動を示すこともあります。ルールや決まりを厳守したい傾向があり、独自のルールが優先されるあまり学校を一度欠席したことでもう出席できなくなるといった問題が生じる場合もあります。就労の場面では独特の仕事のやり方がみられ、子育てにおいては育児書やマニュアルを過度に遵守しようとすることもあります。
　こだわりは個人活動の際には強みにもなりうる特性であり、本人のこだわりを認めつつ、日常生活への支障を緩和する手立てが求められます。強みになる場面としまっておくべき場面があるということを理解し、個人活動では長所として活かしつつ、他人が関わるときには一歩引く、といった対応が重要です。また、初めての出来事や急な変更に対応することが難しいため、事前に予定を知らせ、予定変更は早めに伝えることが大切です。

5. 感覚
聴覚・視覚・嗅覚・触覚・味覚・痛覚において、過敏さ・鈍麻・特

第 2 章　MSPA とはどういうものか

殊さがあるかどうかをみる項目です。その刺激による不快感の強さと
日常生活への影響、刺激への対処法の有無、対処法にかかるコストを
総合して評定します。

　どの感覚でもよいので、特殊な感覚について評定します。たとえば、
苦手な音、カメラのフラッシュが苦手、太陽の光が痛いといったケー
スのほか、また逆に、小さな音、わずかな臭いなどに人より早く気づ
くなどのことも含まれます。スクリーンセーバーに見入る人の場合、
視覚的好みとしては本項目で、こだわる程度についてはこだわりの項
目で評定します。チェックポイントは以下の通りです。

・最も困っている感覚を基準に評定する
・食べ物の好き嫌いが激しい場合には、どの刺激（臭い、色、食感
　など）に対する嫌悪であるのかを特定する
・感覚に対する好み（回転物、毛布の感触など）は、好み自体は「感
　覚」で、そのこだわりの強さの側面は「こだわり」で評定

　年齢が上がるにつれて、感覚の問題は緩和してくることが多いため、
乳幼児期に触られたり頭をなでられたりしたときの反応の仕方や音や
光に対する反応が、評定の際の参考になります。しかし、感覚の問題
は当事者にしかわからない部分が多く、また本人からすると他者が異
なる感じ方をしていることを察知しづらいこともあり、当事者の視点
に立って聴取し、支援につなげる視点が重要です。感覚の評点が高い
人の場合、自身のストレスや体調不良に気づきにくいこともあります。
子育ての際には、抱っこなどのスキンシップを好まない場合がありま
す。皆が同じ感覚なのではないということを理解し、できる工夫は行
った上で、医療者や支援者と相談して環境を整えることが望まれます。

38

6. 反復運動

　くるくるまわる、ぴょんぴょん跳びはねる、手をくねくね・ひらひらさせるなど同じ動きを繰り返す運動がみられたか、またそれらの運動の頻度や強さをみる項目です。常同性の少ない、うろうろ等の動きは多動性にて評定します。この繰り返す運動は、とくに幼少期にみられ、徐々に軽快することが多いため、聞き取りでは幼少期を思い出していただくことが重要です。

　チェックポイントは以下の通りです。

・小学生以降は抑制されることが多くなるので、幼少期（とくに1　～3歳の頃）のエピソードを重要視する
・貧乏ゆすりは含まない
・チックは含まない

　反復運動は、状況によって現れ方が変わると言われています。退屈なとき、興奮しているとき、何かに没頭しているとき、ストレスを感じたり疲れたりしているときなど、どのような状況の時にどのような反復運動が現れるかを確認するとよいでしょう。

7. 粗大運動

　体のバランスの悪さがあったり、体全体の動作にぎこちなさがあったりするかどうかをみる項目です。はいはいや独歩の技能獲得の時期など、乳幼児期からの粗大運動の発達歴も念頭に入れ、日常生活での支障の程度と特別な道具や介助の必要性も含めて総合的に評定します。訓練による影響や身体疾患からくる影響は除いて考えます。

　たとえば、歩き方が変わっている、転びやすい、球技（集団スポー

第2章　MSPAとはどういうものか

ツに必要とされる周囲との協調性については集団適応力で評価し、ここでは評価しません）・縄跳び・鉄棒・ケンケン・スキップが苦手などといった運動の困難さは体全体のバランスの悪さによるものと考えられます。これは、持久力や瞬発力とは異なるものです。また、特訓されてできるようになっている場合には、その効果はこの評価からは外すように努めます。突出してできる部分があるけれども、他のことは苦手、という場合もあるため、多面的に聴取し、体のバランスにかかわる訓練していない運動の部分を選別して、評定対象とします。チェックポイントは以下の通りです。

・姿勢
・小学生以降は、球技（集団適応力の要素は除く）、器械運動（鉄棒、跳び箱、マット）、なわとび、ダンスなども参考にする
・10歳前後からバランスの悪さが目立ちにくくなることにも注意する

　フィードバックの際には、自己評価を下げないように留意します。粗大運動に難しさがあっても、たとえば、マラソンなどの持久力を主とするスポーツは得意となる場合があります。向いたスポーツも同時に考え、クラブ活動選びの参考となるように努めるとよいでしょう。

8. 微細協調運動

　手先が不器用かどうかをみる項目です。ボタンかけ、ひも結びの習得の時期など、乳幼児期からの微細協調運動の発達歴も念頭に、日常生活での支障の程度と特別な道具や介助の必要性も含めて総合的に評定します。訓練による影響や身体疾患からくる影響は除いて考えます。

3 14項目の評価基準

　具体的には、ひも結び、裁縫、お箸、はさみ、のり貼り、折り紙、小さいボタンなどの細かい協調運動を見ていきます。利き手や他の疾患、習慣（お箸の習慣のない場所で育ったなど）からくるものは除きます。ピアノやワープロのみが得意で他の面では不器用という場合など、状態の一面で評価しないように留意する必要があります。この場合は、不器用な面のほうで評価します。チェックポイントは以下の通りです。

　　・道具の習得の早さも考慮する
　　・図工の成績が参考となる（芸術性、創造性の要素は除外する）

　微細協調運動においても、粗大運動と同様、自己評価を下げないように留意します。発達障害者は、ピアノ、ワープロなどアルゴリズムのある動きは、それを理解することによって得意になることがあります。これは協調運動とは異なる性質であるために、評定には加えません。ただし、フィードバックの際には、評定結果と同時に、それらの得意を十分に配慮した説明を心掛けるのがよいと思います。

9. 不注意

　集中力が続かない、気が散りやすい、忘れっぽいなどの特徴があるかどうかをみる項目です（睡眠不足やストレスなどの負荷の要因は差し引いて評定します）。日常生活での支障の程度、対処法の有無とその効果も含めて総合的に評定します。限局した興味への集中や、考え事への没頭によって周囲に注意が向けられないという場合には、「こだわり」の項目で評定します。

　物事の忘れが目立つ（忘れ物、約束の時間、頼まれた用件など）、課題を未完成で中止することが目立つ、ケアレスミスが多い、気が散りや

第 2 章　MSPA とはどういうものか

すいなどが、この項目に当てはまります（認知症、知的障害、加齢変化、単純な無関心によるものを除く）。幼児期は、過度の注意転導性、とくに集団での指示や注意の入りにくさ、などを参考に評価します。こだわりが強い人の場合、こだわっている範囲内の事項に対しては不注意がないものの、他の面では不注意が多い場合もあって評価が難しいですが、生活全般において抜けたりミスをしたりする頻度、その困り度で評価します。チェックポイントは以下の通りです。

　　・選択的に注意を向けられるかどうか（聞きもらしの程度）
　　・忘れ物
　　・なくしもの
　　・整理整頓
　　・複数の課題を同時に遂行できるか
　　・プランニング、優先順位のつけ方
　　・課題の完遂（未完成での中止があるか）
　　・交通安全の心配の有無

　不注意の要支援度が高い場合、幼児期には身支度の場面で支障が出ることがあります。児童期には机やランドセルの中味の管理が難しいほか、授業中に頻繁に机から物を落としたり、プリントの受け渡しがうまくいかなかったりといったことが起こりがちです。課題や活動を計画的に遂行したり、掲示やメールをしっかりと見て情報管理をしたりすることが苦手な場合もあります。就労後は仕事の段取りをつけて遂行するのが苦手な傾向があるほか、子育てにおいては子どもが危険なことをしている場面を見逃してしまうこともありうるため、困難の生じがちな場面を予測しながら対処することが求められます。

42

3 14項目の評価基準

　対応のポイントとしては、注意転動性については、気が散りにくいように、座席や配置を配慮することが重要です。忘れっぽい場合は、忘れることを前提に、対応を事前に工夫するとよいでしょう。たとえば評点が3の場合はメモをする、評点4以上でメモごとなくしてしまう場合はなくなりにくいものに書くなどです。忘れたことを責めるよりも、忘れた場合に困らないようにどう対処するかを考えることが望まれます。

10. 多動性

　不快でなく、じっとしておくべきであると本人が理解している場面において、落ち着いていられるかどうかをみる項目です。成長に伴って、多動の現れ方が変化することがあります（たとえば、離席などの身体の動きから、多弁や過活動に変わるなど）が、特性自体は変わらないという視点で評定します。こだわりなどによる目的があって動く場合や、常同的な動き、多忙などによる動きは除いて考えます。

　周囲からは多動に見える場合でも、本人は目的があって動いていて、それを周囲に言わないためにそう見えているという場合があります。その場合は、「こだわり」、「コミュニケーション」の項を含めて検討します。この項目は、じっとしておくべき場面でじっとしていられるかどうか、ということを基準に評定します。つまり、休み時間に運動場で走り回ること、多くの人が立ち歩いている状況での立ち歩きなどは含めません。チェックポイントは以下の通りです。

・じっとしておくべき場面（公共の場・授業・会議・会合・式典など）
　　での、離席・体動・私語
・年齢不相応な動きの大きさ

第 2 章　MSPA とはどういうものか

・子どもの場合、じっとしておくべき場面であることを理解できて
　いるかどうかに留意する必要がある
・成人の場合、スケジュールを詰め込む、じっとしなければいけな
　い環境を避ける、会合等で別のことをする、特別な理由がないに
　も関わらず途中で退席するなどがみられることがある

　まず本当に多動かどうかを見極めることが重要です。感覚過敏が原
因（→感覚）、興味のあるものに引きつけられている（→こだわり）、目
的があるが周囲に言わずに動いている（→コミュニケーション）といっ
た場合は、それぞれの項目を参考に、支援の方法を考える必要があり
ます。
　多動性の要支援度が高い場合、児童期にはじっとできるように注意
するのではなく、プリント配布係の役割を与えるなどして立ち歩ける
ようにするといった配慮があるとよいでしょう。成人では、できれば、
動くことが業務内容になっているような仕事を選ぶなどの工夫がよい
かもしれません。

11.　衝動性

　思いついたことを、行ってもよいか考える前に実行してしまうかど
うか、あるいは言ってもよいか考える前に発言してしまうかどうかを
この項目で評定します。普段は衝動的でないが我慢していたものが時
として噴出するという場合には、その原因によって、「こだわり」、
「コミュニケーション」、「集団適応力」などで評定します。
　具体的な行動としては、会話の割り込み、衝動買い、順番を守れな
い、待てない、先を見通さない、その場しのぎの行動が目立つなどが
あります。こだわりが原因だけれども容易に癇癪をおこすなど複合的

44

な要因の場合は、それぞれについて評価します。環境因子によるものは、この項目の評価からは除外し備考とします。

　同じ人でも環境によって衝動的な度合いはかなり変わるため、判断が難しい項目と言えますが、できるだけ落ち着いた環境で、待つべき状況で待てるか、という観点で評定します。多動との違いは、多動はその場面での動きに主眼があるのに対し、衝動性は、動きよりも気分に主眼があり、行動面でみると割り込み、待たない、といったことになりやすいというところにあります。たとえば会話において、しゃべりすぎるのは多動、出し抜けに答えたり干渉したりするのは衝動性と言えます。

　ややストレスのある環境でのカッとなりやすさも、衝動性と言えます。この場合は、ストレスの度合いなど、他の要因も合わせて検討する必要があります。チェックポイントは以下の通りです。

　・待つことができるかどうか
　・思いついて即座の発言や行動
　・その場しのぎの行動
　・攻撃性と衝動性を区別して評定する必要あり（とくに暴力、暴言が
　　認められる場合。攻撃性は、ここでの評定には含めません）

　衝動性の要支援度が高い場合、幼児期には遊具やものの貸し借りの場面でトラブルが生じることが多くなりがちです。学校では、質問が終わる前に答えを言ったり、挙手せずに発言したりなど、場当たり的な対応になりがちな傾向があります。成人後は、車の運転に特別な注意が必要です。子育てでは、場当たり的な対応とならないよう、ワンテンポ置くように心がけるなど、子どもへの接し方にも配慮が必要と

第2章　MSPAとはどういうものか

なります。

　対応法のポイントとしては、待てない時にどうすれば落ち着けるか、自分なりの方法を考えておくとよいでしょう。

12. 睡眠リズム

　本人の睡眠リズムが安定しているかどうかをみる項目です。安定していない場合、その不安定さによりどれだけ困難を生じているかで評定します。時差勤務（夜勤・当直など）・勉強・遊びなどの事情でリズムが崩れる、ストレス環境下での不眠、服薬による影響などを除き、落ち着いた状態で評定します。

　夜間労働のある職業の場合や、睡眠剤を使用している人の場合は判定が困難ですし、ストレスのある環境下では、睡眠リズムの崩れはよくみられることでもあります。以上を念頭に置きながら、できるだけ、落ち着いた状況のなかでリズムが崩れがちかどうかに着眼して評定します。たとえば、通学や通勤に際していつも起きられずに遅刻気味であるとか、夜間睡眠を十分にとっていても日中に傾眠しがちである、また、リズムがあまりないために時差や夜勤に強い、などの要素も考慮します。チェックポイントは以下の通りです。

　　・不眠や過度の眠気がある
　　・早く寝ても朝起きられない
　　・就寝時間に眠くならない
　　・日中の居眠りが多い
　　・生活リズムが乱れた後に戻せるかどうか
　　・時差に強く、時間帯がずれても平気だという人は、リズムが整い
　　　にくい可能性がある

3 14項目の評価基準

　乳幼児期に寝つきが良かったか、寝かしつけに苦労したかどうかという点が評定の参考になります。小学生から大学生については、遅刻や、長期休みの際の生活リズムの乱れ方が問題となります。成人でも始業時刻に遅刻しやすい傾向があります。朝に光を浴びるようにし、ストレスを減らす工夫をすることが望まれます。

13. 学習

　読字、書字、計算、数学的推論など特定の領域において、知的発達の遅れや学習不足では説明できない、学業的技能の獲得や使用の困難さがみられるかどうかをこの項目で評価します。学習不足の場合は学習に取り組んでいた時期にさかのぼって、知的発達の遅れがある場合は精神年齢を基準にして評定します。

　未就学児は判定が困難なため、空欄も可とします。作文や発表は「コミュニケーション」の項目で評価し、創造性もこの項目には含めません。環境要因による未学習、注意集中困難による学習不足、興味の偏りによる結果などを判別するのは簡単ではないため評価が難しいものの、そのことを踏まえた上で、できるだけ生得的な困難さに着眼して評定する必要があります。チェックポイントは以下の通りです。

・3つ以上の領域で程度が3だと思うような事例は、「3.5」と判断する
・数学的推論も含めて評定する

　学習の要支援度が高い場合は、必要に応じて限局性学習症に関連する標準化された到達尺度や認知検査を行い、認知特性に合わせた学習

47

第2章　MSPAとはどういうものか

の工夫や支援、配慮が行われるように努めるとよいでしょう。

14. 言語発達歴

　言語発達に遅れがあるかどうか、また、イントネーションの平坦さや独特なトーン、言語新作、その他、言葉の独特な用い方について評定する項目です。初語・二語文が出た年齢と、その後の言語発達（言葉の増え方や使い方）で評定します。この項目は言語発達面に特化したものであり、言葉をコミュニケーションに有効に活用できているかどうかは「コミュニケーション」の項目で評定します。

　チェックポイントは以下の通りです。

・初語がいつ出たか
・二語文がいつ出たか
・語彙の量と多様性はどうだったか

　言語発達歴の要支援度が高い場合、本人の言語レベルに合わせた関わりが重要となってきます。現時点では言葉の遅れがない場合にも、本人の知っている言葉に偏りがある場合があり、留意が必要です。

15. 得意分野

　卓越した得意分野があるかどうかをみる項目です。最も得意な分野で評定します。ただし、汎化が期待されないものは除きます（たとえば、特定のキャラクターのみを描くことが得意、特定の分野の内容だけを記憶することが得意など）。

　この項目は、困りやすさではなく長所を見出そうとするものであり、得意の程度の高いものを1としています。他の項目と整合性がとりに

48

くいため、レーダーチャートには含めず欄外に記載する形としました。得意分野の内容は多岐にわたるので、自由記載としています。チェックポイントは以下の通りです。

　　・絵画コンクール等で入賞する
　　・検定
　　・資格（国家資格など）
　　・特異的な才能

　ご本人が得意と思っているものが、客観的にみて、得意分野にならない場合があります。ただし、面談時にせっかく得意分野として語ったのに、記録用紙に明記されていなくてショックを受けられる方もいます。評定には含めない場合でも、記録用紙には、ご本人が得意だと認識されているものを合わせて記載するなどの配慮が必要であると考えられます。

4　MSPA の有効性

特性を理解して困りに対処する

　発達障害は、診断名を告げられても自分のどこがそれに合致するのかがうまく納得できず、そのために疾患受容が悪い、ということがよく指摘されてきました。しかし、MSPA によって特性をわかりやすく図示し、得意な分野を積極的に評価していくことで、当事者が自分を理解し、自らトラブルを未然に防いだり、ストレスを軽減できるようになったりする場合が多くあります。また、診断より先にチャートで特性説明をすることで、診断までの流れがスムーズにもなった方々

も多くおられました。

　レーダーチャートの共有を通して家族や教師など周囲からの理解が改善し、自他の共通認識のもとに過ごすことで、無理な負担や叱責が減少したという声もよく聞きます。診断名のみが伝わると、「障害」という言葉を受け止めることで自己評価が低下し、また周囲も「障害」だから支援をしてあげなければ、という上からの目線になりやすい傾向がありました。これに対し、特性を自他がともに理解するという観点が入ってくることで、何をどうすればよいのかがよりわかりやすくなるというプラスがあるように思います。

　第1章第3節で見た発達障害者のライフコースと関連させながら、MSPAを活用することの有効性について位置づけてみましょう。まず乳幼児期の困りに対しては、親御さんの育児不安の軽減に効果があると考えられます。発達障害児の家族の視点に立ってみると、癇癪、こだわり、多動、不注意といった発達障害児が持つことの多い特徴は、「育てにくい」と感じられることが多く、どう理解して対処すればよいかがわからない場合には、育児不安につながりかねません。少子化・核家族化という背景のなかでこの育児不安が長期化すると、当の子どもにも悪影響があるだけでなく、最悪の場合には、虐待に繋がることもありえます。支援の必要な特性とその程度を具体的に示すことで理解が進み、生活上の工夫などの対策が見えてくれば、ご家族にとっても負担を軽減する意味を持つはずです。

　児童期や思春期には、レーダーチャートの共有によって教育現場での支援者が当事者の特性を理解し、個別的な対応を検討できるようになることが大きいと言えるでしょう。発達障害者は失敗の経験や人前で叱責されるなどのことを通して自己肯定感が低くなりがちであるとされていますが、周囲の理解と支援によって、状況の改善が期待でき

ます。

　成人では、まず就労面に対する効果が考えられます。発達障害者は能力にアンバランスがあるため、自己および他者からの理解や期待度が本人の能力と不相応になりやすいという問題があります。このため、不向きな仕事に対しては適応困難となることも多いのですが、自らの特性への理解を深め、長所を生かし短所を補うことで、無理のない就労へとつなげていける可能性が高まると考えられます。

　成人期のもう一つの要素である子育てに関しても、自分の特性を知り、育児や生活のなかで困りやすい点をあらかじめ予測した上でどう対処するかを工夫することで、心理的な負担を減らし、子どものための環境を整えていくことが可能になるでしょう。

　また、発達障害は不眠やうつ、神経症などの二次障害を発症しやすいということも先に指摘した通りですが、MSPA の活用によって自他の共通理解が進むことでストレスを軽減し、自分に合った環境を選ぶことができるようになれば、こうした二次的な問題も予防することができるようになると考えられます。自己認識と他者からの評価との乖離によって周囲から不当な評価を受けていると感じ、反社会的行動に至るようなケースへの抑止も期待できるのではないかと思います。

「治す」と「つきあう」のバランスをとる

　発達障害は個々人の生得的な特性に起因するものであり、治療によって治るという性質のものではありません。治らないものを治そうとすることは大変な徒労感をもたらします。しかし一方で、治るものを対処せずに放置すれば、結果としてさらに負担を大きくすることになります。発達障害そのものは変えられなくても、二次障害は防ぐ、または治すことができる可能性があるのです。

第2章　MSPAとはどういうものか

　発達障害と向き合う場合に必要なのは、治る状態とそうでない状態を正しく把握するということではないかと思います。これは時代や医療レベルによって変わってくるものでもありますが、正確な認識を持ち、治せるものを治し、治らない特性とはうまくつきあっていく、そのバランスをとれるようにすることこそが支援であると考えます。「つきあう」には時間がかかりますし、当事者本人の主体性が必要です。周りが「こうしたほうがいい、ああしたほうがいい」と言うのではなく、本人の「こうしたい」という気持ちを中心に据えて、時によっては待つということも必要です。本人が自分の特性に「つきあう」にはどうしても時間がかかるということを、周囲の人々も理解して支えていくことが大事であると思います。

　MSPAがめざしているのは、個々人の発達特性を当事者本人が知ること、周囲にもそれを共有して知ってもらうこと、そしてその理解の差を縮めることで、自分に合った環境を選べるようになるということです。当事者が生活の場で暮らしやすくなるようにすることこそが、MSPAの考える一番重要な点です。

「治す」と「つきあう」のバランスをとる
・治る状態とそうではない状態を正しく把握することが重要

発達障害の場合　治す＝二次障害　つきあう＝生来の発達特性
　→・そのバランスをとれるように支援することが必要
　　・つきあうには時間がかかり、本人の主体性が重要となる

第**3**章

MSPA の活用に向けて

1　ライフステージごとの活用可能性

　MSPA を現場でどう活用するかということについては、さまざまな可能性が考えられます。私はこれまで開発者としての立場でMSPA の普及に努めてきましたが、具体的な活用の仕方については、基本的に現場の方たちにお任せしてきました。開発の段階からご意見を伺ってきた方たちを中心に、すでに多様な職種の方がさまざまな場面で実際に MSPA を活用する試みを行ってくださっており、それぞれの所属学会でその活用事例が報告されるようになっています。そのため、本書でも MSPA の活用に関して実践経験をお持ちの方たち 11名に、現場の声をコラムとして寄稿していただくことにしました。取り組みの例や現場での注意点については、巻末の特別寄稿コラムをご参照いただければ幸いです。

　本章ではそれに先立って、大まかな概説を述べることにしたいと思います。ここでもまた乳幼児期から順に、ライフステージごとの活用の可能性を考えてみましょう。

第3章　MSPA の活用に向けて

①乳幼児期

　乳幼児期の発達障害特性を持つお子さんに対しては、親御さんが「育てにくい」と感じる場合が多くあります。そのため、たとえば保健センターや子育て支援センターなど、専門スタッフが子育て相談をしているような場のなかで、MSPA を使っていただくことが可能かもしれません。こうした相談の場や3歳児健診などの機会において発達障害の疑いが持たれた場合、すぐに病院の受診を促されるというのは親御さんにとって心理的な障壁が高いと考えられます。そうした場合でも、MSPA は診断名を出さない形で特性の理解ができますので、地域の支援の場で MSPA が活用できれば、診断を待たずに早期支援につなげることが可能になるのではないかと思います。

　幼児期で実際に事例が蓄積されているのは、保育園や幼稚園でのコンサルテーションにおける活用です。診断名がついていない段階の気になる子どもについて、訪問コンサルテーションや巡回相談の機会を通して MSPA を活用するという例があります（コラム1を参照）。また、幼稚園では、臨床心理士などが月に1回程度来園して子どもたちや保護者の悩み相談に対応したり、教諭の指導相談にのったりするというキンダーカウンセリングを行っているところがあり、そのなかで MSPA を使っている事例があります（コラム2を参照）。集団生活のなかで発達障害の特性が表面化してきたときに、その子どもをどう理解して対応するのがよいのか、保護者と先生方・保育者の方々が共通理解を持って環境を調整し、支援方法を考える際の手立てとして使っていただいているようです。

　この時期によくみられるのが、子どもの特性を周囲が思い込みによって誤って理解しており、そのために正しい対処が見出せないで苦労するというケースです。たとえば、集団のなかでじっとしていられな

いので「この子は多動だ」とみんなが思っていたのだけれども、MSPA
を通じて特性を確認してみると、実は別の理由があってじっとしてい
られなかったのだとわかるということがあります。本当は感覚の問題
で、ある感触がどうしても嫌でその場を離れていたとか、特定の音が
苦手なせいで苦労していたことがわかったといったケース、またこだ
わりが強く、気になる対象が見えると立ち歩いてしまうというケース
です。

　またこだわりは、とくに幼少期では衝動性に見えることもあります。
たとえば、すぐに他人をさわるために衝動性が高いのかと思われてい
たのが、そうではなくてこだわりのせいだったというようなこともあ
ります。特定のマークを見つけるとどうしても気になってしまう、と
いうような場合です。いずれも原因がわかれば、幼稚園や保育園でも
環境を整えたり対応の仕方を工夫したりできるようになりますので、
そこに専門家が関与して MSPA を使って特性を視覚化して示すこと
で、適切な対処方法を見つけていく、といった活用の仕方が考えられ
ると思います。

特別支援教育の現状

　児童期以降の活用の話に入る前に、現在の特別支援教育をめぐる状
況について、ここで簡単にまとめておきましょう。

　「どんなに重度であっても障害のあるすべての子どもに学校教育の
機会を保障し、障害の種類と程度による特別の場での教育を提供す
る」ことを基本とする戦後 20 世紀の「特殊教育」を総括し、今後の
考え方と枠組みを提起した報告「21 世紀の特殊教育の在り方につい
て」が平成 13（2001）年 1 月、文部省（現文部科学省）の調査研究協力
者会議から発表されました。さらにそれを具体化する報告として平成

第 3 章　MSPA の活用に向けて

15（2003）年 3 月、「障害の程度等に応じ特別の場で指導を行う「特殊教育」から障害のある児童生徒一人一人の教育的ニーズに応じて適切な教育的支援を行う「特別支援教育」への転換を図る」とする「今後の特別支援教育の在り方について」が文部科学省の調査研究協力者会議から発表されました。

平成 16（2004）年には発達障害者支援法が制定され、平成 17（2005）年には「特別支援教育を推進するための制度の在り方について」という答申が文部科学省の中央教育審議会で取りまとめられました。平成 19（2007）年度から改正学校教育法が施行され、従来の盲・聾・養護学校の制度が複数の障害種別に受け入れることができる特別支援学校の制度に転換されたほか、一般の小・中学校などにおいても特別支援教育を推進することが、法律上明確に規定されました。「一人一人のニーズに応じた特別支援教育の推進」という方針のもと、支援体制の整備が急速に進められてきています。

障害のある子どもは、通常の学級・特別支援学級・特別支援学校のいずれかに在籍します。就学相談を通して、本人・保護者と市町村教育委員会、学校が話し合って、その子にとって望ましい進学先を決めることになります。3 つのうち後ろのものほど障害への支援量が大きくなりますので、障害の程度や必要な指導内容と支援の程度を考慮しながら、就学先の決定が行われます。決定後も状況によっては転級・転学が可能です。

通常の学級に在籍する場合は、必要に応じて「通級による指導」を受けることができます。通級による指導とは、通常の学級に在籍しながら、一部の時間のみ通級指導教室に通って支援を受けるという制度です。言語障害、自閉スペクトラム症、学習障害、ADHD、情緒障害、視覚障害、聴覚障害など、さまざまな障害に対応した個別指導を受け

ることができます。通級指導教室は通常の学級と必要な情報を共有し、連携をとりながら支援が行われています。今はまだ通級指導教室が設置されている学校が少ないので、放課後を含めて通級の時間には他の学校の通級指導教室を利用している児童生徒も多くいます。

知的発達の遅れのない発達障害の児童生徒（LD、ADHD、ASD）の多くは通常の学級に在籍していることが広く知られるようになり、発達障害が通級による指導の対象となった平成18年度以降は、全国的にも急速に通級による指導のニーズが高まりました。全国統計では、発達障害を理由として、通級による指導を受ける小・中学校の児童生徒数は平成29年の時点で平成18年の約7.8倍となりました[5]。平成30年度には高等学校でも通級による指導が制度化され、全都道府県で1か所以上設置されて指導が始まりました。小・中学校で通級による指導を受けていても高校では通常の学級か特別支援学校しか選択肢がなかったという状況が、今後は変わっていくことが期待されます。

特別支援学級とは、小・中学校のなかに設置された少人数の学級です。特別支援学級での学習を中心としながら、同じ学年の通常の学級の児童生徒とともに学習する時間があるのが一般的です。通常の学級が標準40人であるのに対し、特別支援学級は標準8人です[6]。すべての小・中学校に設置されているわけではないため、学区域の小・中

5）以下の文部科学省のホームページを参照。「平成29年度特別支援教育に関する調査の結果について　平成29年度通級による指導実施状況調査結果について（別紙2）」。通級による指導を受けている児童生徒数の推移（障害種別／公立小・中学校合計）の表から、自閉症・学習障害・注意欠陥多動性障害の合計の数字にて計算。http://www.mext.go.jp/a_menu/shotou/tokubetu/__icsFiles/afieldfile/2018/05/14/1402845_03.pdf

6）以下の文部科学省のホームページを参照。「特別支援教育について　7．少人数の学級編成」。特別支援学校の標準人数についても以下を参照。http://www.mext.go.jp/a_menu/shotou/tokubetu/007.htm

学校に特別支援学級がない場合は、設置されている近隣の学校に通うことができます。

特別支援学校とは、一定以上の障害（学校教育法施行令第22条の3に該当する障害）のある児童生徒を対象とする学校のことです。通常の学校と共通する教科や領域の学習のほか、障害による学習上・生活上の困難を克服して自立を図るために必要な知識技能を授けることも目的とされており、少人数のクラス編成でそれぞれの障害にあわせた学習を行います。クラスの標準人数は6人（重複障害の場合は3人）とされていますが、障害の程度や状態に応じた個別の配慮によって、さらに柔軟な運用がなされています。

このように、特別支援教育の支援体制は整ってきていると言えますが、発達障害では成長のどこかの段階でトラブルや困りが生じたことで初めて気づかれるという方々が非常に多くおられます。早くから支援につながることができればよいのですが、見過ごされたまま通常の学級で苦しい学校生活を送っているという場合もたくさんあります。そこで、以下ではそれぞれの成長段階で初めて発達障害の可能性に直面した場合に、どのように支援とつながることができるのか、そのなかでどう MSPA が活用できるかという方向性を示すことにしたいと思います。

②児童期

小学校への入学は、子どもたちにとってとても大きな環境の変化と言えます。学校で過ごす時間が長くなり、集団生活への適応が求められる児童期は、発達障害の特性を持つ子どもにとっては苦手なことを次々と要求されて困難が表面化しやすい時期でもあります。子どもが学校生活に馴染めていないとか、友達とトラブルがあるようだといっ

た心配がある場合には、多くの学校では教員である特別支援教育コーディネーターが相談の窓口となっています。スクールカウンセラーやスクールソーシャルワーカーなどの専門家が非常勤で配置されている学校もあり、こうした専門家と相談することができる学校も増えてきました。

スクールカウンセラーとスクールソーシャルワーカーの違いはというと、カウンセラーは主として心理面の問題のケアを行い、ソーシャルワーカーは子どもの家庭環境による問題に対処するために福祉面の環境を整えるサポートをする、ということになります。職種で言うと、スクールカウンセラーは現時点では臨床心理士の方が多いですし、スクールソーシャルワーカーは社会福祉士か精神保健福祉士（PSW）の資格をお持ちの方が多いと思います。また、特別支援教育士という、学習障害（LD）や注意欠如・多動症（ADHD）、自閉スペクトラム症の児童生徒の支援に特化した資格もあります。通級指導教室のある学校では、通級指導教室の先生方がこうした資格をお持ちのことが多く、教育相談や生徒指導のほか、特別支援コーディネーターとしての役割も果たしておられます。社会福祉士は少し趣が違いますが、ほかはいずれも心理アセスメントとの関わりが深い職種ですので、こうした方々のなかで、学校現場でMSPAを使いこなせる方が増えていくことが期待されます。

おそらく年度の始めに、「学校だより」などを通じて、スクールカウンセラーやスクールソーシャルワーカーがどんな人でいつ来ているのかといった案内がされることが多いようです。相談内容を担任に報告するかどうかも含めて、相談者の希望に沿って相談にのってもらえますし、相談の結果として学校内の環境を整える必要があると判断された場合には、どうすればうまくいくのかを考えながら、そうした働

第 3 章　MSPA の活用に向けて

きかけも行ってくれます。相談は無料ですので、こうした制度をうまく利用していただけるとよいと思います。

　教育相談の中で MSPA を活用する場合、今困っていることや生じている問題が本人のどういう特性から来ているのか、どういう工夫をすることでその問題に対処できるのかといったことを、面談やアセスメントを通して本人や親御さんが気づくということがまず重要な点です。また、学校のなかで MSPA を行うことで、その結果を担任など他の支援者にも共有することができ、学校での環境を整える方策に結びつけることができるということも、大きな利点と言えるでしょう（コラム 3 と 5 を参照）。

③思春期・青年期

　思春期や青年期には、人間関係のあり方が複雑化し、特性の出方やみえ方が変わってくるという傾向があります。周囲との関係がうまくいかない場合には二次障害が生じやすい時期でもあるため、MSPAを活用することで本来の特性を再確認し、環境の調整を行うことで、効果的な支援へとつなげることが可能になるのではないかと考えます（コラム 6 を参照）。

　教育相談などの体制については、中学校や高等学校でも、児童期の項で触れた小学校と同様の仕組みが利用できます。教育相談は、相談の内容を保護者や担任にも内緒にする形で本人が利用したい場合、そのように依頼してみてもよいと思います。担任や友人、保護者との関係に悩んでいるような場合にも、安心して相談窓口を頼ってもらいたいと思います。

　先ほど通級による指導に触れましたが、従来は小・中学校に限定されていた通級による指導が、学校教育法施行規則と文部科学省告示が

改正されたことにより、平成 30（2018）年度から高等学校でも実施できることになりました。

　大学は長らく発達障害者支援の空白地帯だと言われていたのですが、最近になって、発達障害への各種の支援窓口が設けられるようになりました（コラム 9 を参照）。平成 28（2016）年に「障害を理由とする差別の解消の推進に関する法律」（「障害者差別解消法」）が施行され、障害のある人への「合理的配慮」の提供が義務づけられたこともあり、障害のために修学に困難を抱えている学生の要望に沿って、各大学で支援が行われるようになっています。窓口の名称は大学によって異なると思いますが、相談することによって支援が受けられる体制ができてきていることは、非常に大きな変化と言えるでしょう。

教育支援センターでの同時面談システムの試み

　ここまでは学校内の相談窓口を中心にご紹介してきましたが、学校外の相談機関として、教育支援センターというものがあります。不登校の子どもの適応指導などを行っている教育委員会の機関で、各市区町村にあり、主に小・中学生を対象に、こちらでも教育相談を実施しています。

　実は私は嘱託医として、長岡京市の教育支援センターで 10 年ほど教育相談に関わってきました。MSPA を使ったそこでの取り組みをご紹介したいと思います。教育支援センターに相談に来られた場合、まずは支援センターに所属する心理士の方が相談にのるのですが、そのなかでもとくに困っていて早急な支援の必要な子に関して、私が専門家として相談に加わりました。本書のコラム 1 をご執筆くださった清水里美先生が、支援の関係者がそろって話し合う同時面談の枠組みをご提案されており、その実践として行ったのが、MSPA を使った「同

第3章　MSPA の活用に向けて

時面談システム」です。

　これは、本人、保護者、それに担任の先生など学校での支援者の方に相談の場に同時に来ていただき、支援センター所属の心理士（当初は清水先生）と、それに専門家として私が加わって、1時間の面談のなかで情報収集からアセスメントまでを一気に行うというものです。医療機関ではないので診断書は書けないのですが、この子の状況を良くするために明日からどうしていくのがよいのかという解決の道筋を、関係者がみんな集まっている場で示し、共有するというやり方です。

　困っている状況がある場合、本人、保護者、担任の先生など関係者は、それぞれにいろいろな思いを抱えておられます。みんなが何とかしたいと思っていても、なかなかメンバーがそろって面談ができなかったり、認識がずれていたり、共通の認識をつくるだけでも難しいという状況があるのではないかと思います。また、学校での状況を何とかしたいと悩んで病院を受診された場合、医師は本人や親御さんの思いに寄り添う形で助言をすることはできるものの、医師が直接担任の先生に連絡してお話しするということはできにくいため、すぐに環境の改善には結びつかないというジレンマがあります。学校は学校、病院は病院というそれぞれの箱のなかで支援をしているような状況のため、いざ連携が必要だとなったとしても、実りのある形でそれを実現するのが難しいというところがあり、とても残念に思っていました。

　この同時面談システムは、そうした箱ごとの垣根をなくして、関係者と専門家が一度に顔を合わせて相談しようという試みで、実際にやってみた実感として、とても早く共通理解と支援が得られるという感じがしています。顔が見えていることで、それぞれの方が自分の思いを語るだけでなく、相手の話も聞きますし、そのことによって「親御さんはこう考えていたのか」「学校ではここで困っていたのか」とい

った気づきも得られます。MSPA のツールを使うことで、それぞれの方の見方を勘案しながら公平に情報収集をすることができますし、何より、「この子の未来のために明日からどうしていくか」ということについてどれだけみんなが協力できるか、できる範囲でどこから始められるか、ということをその場で真剣に考えて共有することができます。

　同時面談システムに参加する専門家は、必ずしも医師でなくてもよいのではないかと思います。また、必ずしも MSPA を用いなくても、顔を合わせて話し合うことで明日からの協力体制を築くことはできると思います。ただ、多忙なメンバーがそろうのはそう簡単ではないと考えられますので、MSPA をここで活用すると、より効果的なのではないかと感じています。発達障害者の支援のための最も効率のよい方法として、このやり方が一つのモデルケースとなって、ぜひ広がっていってほしいと願っています。

④成人期

　大人になってから自身の発達障害に気づく方というのも、実はたくさんおられます。就職したけれど長続きしない、人との関係がうまくいかないといった困りのなかで、自分の特性に初めて気づくということが多いようです。日常生活での困りについて、学生の間は、まずは学校内での支援体制を頼ることが多いと思いますが、成人の場合は、お住まいの都道府県・政令指定都市の発達障害者支援センターに相談することができます。発達障害者支援センターでは相談支援、発達支援、就労支援、それに発達障害に関する普及・啓発を行っていますので、そこでの相談を通して、利用可能な制度や機関を紹介してもらうのがよいと思います。

第 3 章　MSPA の活用に向けて

　就労においては、発達障害の診断がついた後も、それを職場にオープンにするかどうか、ということが問題となります。発達障害の特性があったとしても、それを強みとできる職業に就き、苦手な部分をうまく工夫して活躍している方はたくさんおられます。一方で、上司や同僚などから適切な配慮を得ることが必要なケースも多くあります。発達障害者への就労支援では、本人が自身の特性を理解し、それに見合った職種を選べるようにすることに加えて、上司や就労支援機関などの理解が必要な場合には、そちらへの橋渡しなどもサポートしてもらうことができます（コラム 10 を参照）。自分の得意な面を生かして無理なく働くにはどうすればよいのかを考える上で、MSPA をうまく活用していただければと思っています。

　成人の発達障害の方を診療していて痛感していることは、現代は情報化社会で職種がずいぶんと変わってきていて、そのことが、発達障害者の就労の可能性を狭めているのではないかということです。以前であれば、伝統工芸の職人であるとか技術職、簿記などが、細かい繰り返し作業による職種に適性がある方の就労先となっていました。それが、IT 化や AI 化といった現代の趨勢のなかで不要とされ、就労できない方々が出てきています。この状況をどうすればよいのかという妙案は持ち合わせていませんが、発達障害者が特性を活かせる職種をどう確保していくか、ということは社会全体にとって重要な問題だと考えています。

　親御さんが発達障害である場合の子育ての困難に関しては、それに対する支援に特化した制度はないというのが現状です。子育て支援センターには育児不安への相談窓口がありますので、そういったところを利用するのは一つの方法でしょう。子育てはただでさえ大変なことが多く、また肉体的な負担も大きく、不安や心配がつきものです。そ

れでも、自分の認知特性や得意・不得意を理解することができていれば、どうすれば自分の辛さが軽減できるか、どうすれば子どもの安心を確保できるかを工夫することも可能になるかもしれません。MSPAを通して自分を知り、周囲の支援者にもそれを共有してもらうことで、メンタルヘルスを維持しながら子育てをしていただきたいと思います。

2　ぶれないツールとしてのMSPA

本書のまとめとして、最後にあらためて、MSPAの開発に込めた思いと、発達障害者の支援に当たっておられる現場の方々に期待することを書いておきたいと思います。

適応状態と生来の特性

私はMSPAの説明をするときに、生得的な特性を評価するツールなので評定は基本的には変わりません、ということを必ず強調するのですが、保護者の方や現場の支援者の方々は「できるようにしてあげたい」「能力を伸ばしたい」という思いが強いこともあり、釈然としない表情をされていることもおおくあります。けれども私自身は、変化しない、ぶれないツールだからこそMSPAには意味があるのだと考えています。

同じ環境でも、適応状態が良くなっていく場合や年月をかけて特性まで変化したように見える場合もあります。ただしそれは、生得的特性が変化しているというよりは、うまい対処法が身に着いたということであるように思います。この場合も、MSPA評定は変わらないということになります。

ある環境において身に着けた対処法はその環境では有効であり、そ

65

第3章　MSPAの活用に向けて

れがずっと続けばよいのですが、もし周囲の状況が大きく変わったり、まったく異なる環境に移ったりした場合には、その方法ではうまくいかなくなるかもしれません。そのときには新たな対処法を身に着ける必要が出てきます。もちろん、一度スキルを身に着けた人は、次のスキルを身に着けるのがより早くなるということはあるでしょう。

　しかし、特性自体が変化したと思っていると、うまくいくはずだと思って次のスキルを身につけなければならないという認識もなくなり、かえって混乱してしまう可能性があります。むしろ、元の特性は変わりにくいと考えた上で、これまでは対処法を身に着けることで適応することができたけれども、その対処法は環境に応じて微調整したりやり直したりする必要があるのだと思っていれば、生涯を通じてトラブルを避けることができ、暮らしやすくなるのではないでしょうか。生得的特性を変わりにくいものとして捉えることの背景には、こうした考えがあります。

「検査の数値が変わる」とはどういうことか

　もちろん、小さい頃に言葉がなかなか出ず、周囲とのかかわりも難しかったけれど、何年か経つと周囲とのコミュニケーションもよくなり、ずいぶんと過ごしやすくなった、または発達検査で数値が伸びた、というお子さんはたくさんいらっしゃいます。前者の過ごしやすさは、子どもの認知機能などの通常の発達に加え、子どもに対して特性に合った接し方がなされ、子ども自身が何らかのスキルを身に着けた結果ではないかと思います。では、後者の検査の数値が伸びたというのは、どういうことなのでしょうか。

　心理検査や発達検査の結果が変動するかどうかは、各検査の目的、計測している内容が状態か特性か、そしてある一定の期間内の評価な

のか生涯評価なのかによって異なってきます。つまり、検査の作りによって異なるため、それらを理解しておかないと、変わりにくい部分を変えようとして無理な苦労をしてしまうことにつながるかもしれません。

　具体的にみていきますと、まず、現在の気分やイライラや満足度などを計測するものは、その時の状態評価ですので毎回変動します。過去半年間の行動チェックリストも、変動の程度は少し減りますが、結果が変化する検査と言えます。また、第1章第2節でも述べた知能検査は、測定する内容から考えておおむね結果は変動しないとされているものの、現在評価であるために、その時の状況で結果が変わることがあります。これに対して、MSPAのようにその人の生来の特性を評価する場合は、検査場面での状態の評定ではなく、生涯にわたって変動しにくい部分をさまざまな情報から抽出しようとしているため、変動しにくいものとなります。このように、「検査結果の数値が変わる」ということを問題にする際には、その検査の性質に応じた違いを理解しておく必要があります。

　それでは、発達検査の数字が伸びたということについてはどう考えればよいのでしょうか。発達検査とは、子ども全員の発達の進み具合の真ん中や平均と比較して、どの程度の段階にあるかを示すものです。生活面の問題を理解する上でも大変参考になりますので、児童精神科を受診された場合にはだいたい測定が行われます。知能検査に似た作りとなっていますので、その結果は一般に大きな変動はないものとして考えられていますが、そもそもみんなが発達しているという動的な中での相対評価ですので、ある程度の変化はありえます。

　さらに、発達検査は検査者とのコミュニケーションを通じて行われますが、発達障害の乳幼児はとくに、そのコミュニケーション自体が

難しいこと、そのときの体調や気分の影響を受けやすいこと、また低年齢児の検査では発達障害児の認知面でのばらつきも結果に影響することから、本来の能力よりも低い数値が出たり、変動したりしやすくなることがあります。実際に、とくに年齢の小さい発達障害のお子さんでは、外来でお子さんに接したときの印象よりも、検査データの数値のほうが低く感じるということをときどき経験します。そういった場合は、のちの検査で数値が上がっている印象があります。これは、そのお子さんの特性が変化したというよりは、検査時に本来の能力を発揮しやすい年齢になったか、または特性が理解されて、適切なかかわりを通して物事が身につきやすくなった結果のように感じています。

このことは、逆に考えてみますと、発達障害の子どものうちの一定数は、特性や本来の能力を理解されないまま過ごしている、という解釈にもなるかもしれません。その意味でもやはり、特性にあった接し方を小さい頃から心掛け、本来の能力を引き出していくということが望まれます。

ぶれない軸の必要性

MSPA は、環境によって変動しない、生涯変わりにくい生得的な特性をはかるツールとして開発されました。発達特性上どうしても苦手なことがあるのに、他人と比較して、多方面にわたりバランスよくやっていかなければならない、ということを頑張り続けるのは、本人にとって本当に苦しいことなのではないかと思います。発達障害の子どもの場合、発達の歩みや特性のパターンに、一人ひとり大きな違いがあります。それを無視して集団の分布の中でどの位置か、といった相対的な基準で考えてしまうと、他の人と同じやり方ではうまく進めないという事態に直面するたびに、立ち位置がガクガク揺らいでしまう

2 ぶれないツールとしてのMSPA

ことになりかねません。

　人との比較によってではなく、本人の特性に照らして、一つずつ積み上げていくにはどうしたらよいか。その成長を支える軸になるものは、ぶれないものでなければならないと私は考えています。発達障害者の場合、無理のない積み上げをして個人のなかで伸びていくための、その積み上げ方は一人ひとり異なります。定型発達の人の場合は、学校での学年ごとの積み上げに沿っていくことであまり問題が生じないのですが、発達障害者の場合には、その軸を個別に設定する必要があります。その際に、専門家の関与が一つの助けとなりえます。

　軸があることで、環境が変わっても、ライフステージが移行しても、右往左往せずに本人の成長を捉えることができるようになるのだと思います。逆に、軸がなければ、その時々のちょっとした変化で状態が揺らいだり、不安になったりと、本人も保護者もとてもしんどい状態に置かれ続けることになるのではないでしょうか。

　個人の特性に即したぶれない軸を持ち、そしてそれを本人と周囲の支援者の双方が理解して共有することが、無理のない積み上げをしていくためにはどうしても必要です。その支えとなるぶれない基準となるものとして、MSPAというツールを開発し、鍛えてきました。

学校現場への期待

　学校のなかで困りが生じた場合、まずは担任の先生に対応をお願いすることになるわけですが、通常学級なら40人もの児童生徒がいて、そのなかに発達障害の可能性のある子もいて、個別の支援計画がたくさん積み重なって……という状況では、担任の先生の負担は非常に大きいと思います。また、今年はこういう方針でうまくいったということがあっても、担任の先生は来年には変わるわけで、どうしても変化

69

第 3 章　MSPA の活用に向けて

が生じます。

　そのなかで、縦の軸での積み上げをどう作っていくかというときに、ぜひ MSPA を活用していただきたいと考えています。膨大な資料を読むことはできなくても、レーダーチャート 1 枚を引き継ぐことで基本的な了解が作れるのではないか、忙しい先生方にもしっかり見て特性を把握していただけるのではないかと思います。また、毎年毎年、保護者が担任の先生に MSPA を見せて一から説明して……ということをしなくても、教育相談のスクールカウンセラーなど、学校のなかで担任以外の方が継続的に特別な支援の必要な子を見守れる体制があれば、その方がその子のためのファイルを作って、毎年少しずつ資料を書き足しながらその年の担任に引き継ぐというようなことができるのではないでしょうか。その基礎資料として、MSPA を使っていただくというのが学校現場での望ましい活用の一つの形ではないかと考えています。

　2015 年より中央教育審議会の答申によって「チーム学校」という概念が出され[7]、学校内の体制構築、校長のリーダーシップ、教職員の環境整備などが掲げられました。これまで、発達障害児の支援というと、どうしてもクラス単位で担任の先生にばかり目線が行きがちでしたが、校長先生など管理職の方が現場の課題を認識し把握することで、状況を良い方向に変えていける可能性がありそうです。

　法律も変わり、現場もどんどん変わってきています。発達障害児が学校の中で生き生きと過ごせるようにするためには、担任の先生方の負担を軽減しながら、発達障害児の支援にあたる学内の専門職の方に

7）以下の文部科学省のホームページを参照。「チームとしての学校の在り方と今後の改善方策について（答申）（中教審第 185 号）」平成 27 年 12 月 21 日。http://www.mext.go.jp/b_menu/shingi/chukyo/chukyo0/toushin/1365657.htm

存分に力を発揮してもらい、そのつど必要な対策と配慮を行えるような学校全体の体制がとても重要なのだと思います。

生活を良くするために

　発達障害の方の場合、服薬をしているというのでもなければ、必ずしも定期的に病院に通う必要があるわけではありません。何か困っているときに病院に来られるということがほとんどなので、生活が安定していて、診療に来なくてすむのなら来なくて構わないのです。

　実は、私のところでMSPAを実施した方で、診断をお伝えする前に「もうわかりました。これでやってみます」と帰られた方がおられます。これは、面談をしているなかで、自分の特性に対する理解が深まって、納得されたということなのだと思っています。とくに社会支援が必要でないのなら、必ずしも診断を受ける必要はないでしょう。診断名が欲しくて病院に来ているのではなくて、暮らしやすくしたい、生活のなかで困っていることを改善する手掛かりが欲しいと思って来られているわけですから、自分の特性を把握して、納得して帰られたのであれば、それで十分だと思います。困ったときにはまた来ていただければよいですし、そうでなければ、きっとその後は自分なりの工夫で日々の生活を過ごしておられるだろうと思っています。

　お子さんを連れてこられた親御さんの場合も、MSPAの面談を通してあるときはたと納得される、子どもの特性に気づかれるという瞬間に出合うことがあります。多動で困っているという中学生のケースで、子どものときの様子をお尋ねしても問題なかったとおっしゃるのですが、どうにも腑に落ちないことがありました。質問を変えて、「幼稚園ぐらいのとき、電車のなかではどうでした？」とお聞きしてみました。「じっとしていました。お利口さんでしたよ」とおっしゃるので、

第 3 章　MSPA の活用に向けて

さらに具体的に「何か持っていましたか？」と聞くと、「もちろん持っています、ゲームです」、と。「それ、ゲームがなかったらどうなるんです？」というところまでお尋ねすることで、「それは無理です、じっとしていられないです」という答えにたどり着きました。ゲームを持っていないと落ち着かない子だったそうで、小さい頃はゲームを持たせていたから困らなかったのだ、ということに、お母さんが面談のなかで初めて気づかれたのです。

　本当は困る場面も生じていたけれど、いろいろな工夫をすることでなんとかうまくやってきていた、という方の場合、正面から特性の話を伺っても「問題ありません」とおっしゃることも多いものです。それでも、聞き方を工夫することで、面談のなかで本人や親御さんの理解が進むということがあります。こういう気づきこそが、日々の日常生活を良くするという観点からすれば、一番大事なところだと思います。

　発達障害者が暮らしやすくなるためには、医療だけではうまくいきません。まず本人とご家族が特性に気づくこと、そして学校や職場で、多様な支援者の協力のなかで、できる工夫をしていくことが必要です。それも、それぞれの場所で別々の対応をするというのではなく、壁のない形で、情報を共有できる仕組みが理想だと思います。

　少し話は変わりますが、この組織や立場や何らかの違いの間の壁ということについて、常々思っていることがあります。できてしまっている壁は超えられるよう努力するしかないですが、できれば、そもそも壁をつくらないようにしよう、と考えることはできないだろうかと思うのです。これから育っていく小さな子どもたちには、最初は壁などないのではないでしょうか。しかし、どこかの時点で、壁のようなものが生じてきます。たとえば、ここではこうあるべきだというよう

72

な思い込みが人々のなかにあると、それと違う振る舞いをした場合には、違っている、そこに壁がある、という認識になります。同類かそうでないかという線引きがそこに生まれます。しかし、「こうでなくては」という縛りを外して、みんながそれぞれであると思えるようになれば、どんどん壁はなくなるのではないでしょうか。

二次的な問題を防ぐために

最後に、二次的な問題の予防における MSPA の活用について述べておきたいと思います。何よりもこの二次的な問題の予防のためにこそ、MSPA を最も活用いただきたいと考えています。

第1章の末尾でも述べましたが、発達障害の特性がたとえ閾値未満でも、環境への不適応が生じる場合があります。特性への理解が不足していることが原因で、周囲からの不適切なかかわりや叱責が続いたり、他者との衝突や摩擦が日常的に続いたりして、合わない環境での無理が続けば、不眠や神経症、うつといったメンタルヘルスの悪化を招くだけでなく、妄想やパーソナリティ障害といったさまざまな精神疾患につながることも起こりえます。とくに、児童思春期のあいだに長期間にわたり不適切なかかわりが続くことによるパーソナリティ形成への影響は、本当に重大な問題です。

こうした問題を避けるためにも、早い段階で発達特性・認知特性を把握し、等身大の個性を理解して、ぶれない指標をもって無理のない生活を送っていただきたいということを強く思っています。周囲の方にはぜひ特性に合った適切なかかわりを心掛けていただき、当事者が少しでも快適な生活を送れるように配慮していただきたいと思います。

そして、将来どういう進路または職業を選べばよいかを無理なく考え、予想される課題に対しては特性ごとに事前に対応をしておくこと

73

第 3 章　MSPA の活用に向けて

で、ある程度、問題が生じるのを避けられるのではないでしょうか。心構えができるということは、発達障害者にとっては非常に重要なことです。MSPA を活用し、自分の特性を把握することで、今だけでなく次のライフステージにおいて困りやすい点を予想して備えることができるのではないかと思います。MSPA の評定を、こうした形で参考にしていただければと願っています。

特別寄稿コラム

1 保育や教育の現場における MSPA 活用のアイディア

清水里美（平安女学院大学短期大学部）
臨床心理士、学校心理士、特別支援教育士スーパーバイザー

はじめに

　保育や教育の現場での MSPA の活用には、大きく 2 つの内容が考えられます。まず、医療機関など外部の機関との連携における活用です。例えば医療機関で受けた MSPA 評定結果を参照し、集団の場での支援を考えるというものです。その場合、MSPA はまさに共通言語としての役割を果たすことになります。もう一つは、MSPA 開発の動機でもある、診断を待たずしての支援における活用です。ここでは、この後者の活用のあり方に焦点を当てたいと思います。

　保育や教育の現場では、気になる子が増えているという報告が寄せられています。増えているといわれる背景にはさまざまな要因が考えられますが、保育者や教員から見て「気になる」状態の子の多くは、専門機関につながっていない子どもたちです。

　そのような気になる子をどう理解し、どのように対応すればよいのか知りたいというのが現場のニーズであるとしたら、診断名よりもその子の発達に関連する特性の程度を理解することの方が役に立つと考えられます。実際、気になる子の多くは、所属集団での適切な環境調整があれば適応できる可能性が高く、早期からの介入支援により不登

校などの二次的な問題も防ぐことができるのです。

　MSPA は、保育や教育の現場での環境調整や個別支援の目標を考えるうえで、有益なアセスメントツールとなります。保育や教育の現場では複数の関係者が支援に関わるので、関係者間の共通理解と情報共有をはかる必要がありますが、その共通理解を目的として MSPA を活用することができるのです。つまり、気になる子について発達特性の評定値を出すことに重きを置くのではなく、関係者間での共通理解のために、MSPA の評定基準を活用するということです。このように診断目的ではなく生活の場での支援のために MSPA を活用する場合は、たとえ評定値に関する検討をおこなったとしても、あくまで「暫定評定」と考えられます。それでも、気になる子への発達支援や保護者との協働、担任の先生への助言において、得られた情報を十分活用することができるはずです。

　それでは、実際に保育や教育の現場でどのような活用の仕方が考えられるでしょうか。また、どのような点に留意が必要でしょうか。次の項で、保育や教育の現場で MSPA を活用する利点についてもう少し詳しく述べてから、保育現場での活用、学校現場での活用、移行支援における活用について、順に紹介します。そして最後に、保育や教育の現場で MSPA を活用する際の留意点についてまとめたいと思います。

保育や教育の現場で MSPA を活用する利点

　MSPA では、生得的な発達特性を評定するため、幼少期のエピソードが重視されます。また、気になる子について複数の関係者から多様な場面における情報を集めることが求められます。このように、成育歴を重視することと、担任の先生など主に関わっている人からだけで

特別寄稿コラム

なく、複数の関係者から多面的な情報を集めるということが、発達特性の理解にはとても重要です。

　実のところ、保育や教育の現場は日々の対応に追われがちで、成育歴に着目することや多面的に情報収集することが大事であるとわかっていても、どうしても後回しになってしまうことがあります。しかしながら、たとえ暫定であっても MSPA 評定の場を設定することで、自ずとそれらの情報入手につながります。また、情報収集のために複数の関係者が集まることで情報交換の機会をもつことになります。経験の浅い教員にとってはそれだけでも支援になるのではないでしょうか。

　保育や教育におけるコンサルテーションでは、対象となる子の特性を把握し、適切な環境調整を実行することが優先されます。そのため、特性と二次的な問題を分けて評価することが求められます。幼少期は養育環境による影響を受けやすく、特性と養育環境による二次的な問題を切り分けることが非常に困難です。それでも、その子の本来の特性を理解するために、養育環境による影響を考慮することが重要となります。そのうえで、保護者も含めたすべての関係者が共通理解できるように情報共有を図ることが望まれます。保育や教育の現場での評定の試みは、関係者に目の前の子の状態について、特性によるものと環境との不適合から生じているものとを切り分けるという視点を与えることになります。そのことが、自分たちの提供している人的・物的環境について改めて見直すことにもつながるのです。

　さらに、保育や教育では、移行支援の問題も重要です。発達に偏りのある子の場合、支援がうまくいくと適応はよくなります。しかしながら、環境が変われば（例えば進級・進学すれば）、また適応が悪くなるといった事態が見られることも珍しくありません。所属集団での評定は、縦の流れでその子の発達や適応状態をとらえなおす機会となり

ます。関係者間で特性についての理解が共有できれば、現在の適応が
よいからといって特性が軽減された（発達障害が治った）わけではない
ことにも留意できます。進級や進学の際に、現在の適応のよしあしで
はなく、諸特性の強さについて把握した内容を踏まえて支援体制を整
えることが、教育の場ではとくに求められるのではないでしょうか。

保育現場における活用──コンサルテーションとして

　清水・馬見塚（2017）は、保育コンサルテーションにおいて複数の
事例で MSPA を活用した成果を紹介しています。そこでは、実際に
MSPA 評定をおこなったのではなく、保育コンサルテーションに必要
な情報を MSPA の概念を利用して収集し、得られた情報からの解釈
を共有するという方法が取られました。保護者と保育者双方から事前
アンケートへの回答が得られた事例では、両者のとらえ方のずれを取
り上げ、コンサルテーションをおこなっています。

　MSPA を用いた保育コンサルテーションについて、保育現場の感想
や意見を求めたところ、「コンサルテーションの結果を園全体で共有
しやすい」「対象児以外の気になる子どもについても、MSPA の項目
を利用してみると問題が整理しやすくなった」「行動の理由がわかり、
対応を変えることができた」「発達特性と行動との関係がわかり、で
きていることを見るようになった」などの声が聞かれました。また、
事前アンケートについては、「使いやすい」「アンケート形式なので保
護者の協力を得やすい」「家の様子と集団の様子が比較できる」「保護
者のとらえ方がわかり、共通理解に役立てることができた」といった
意見が得られています。

　このように、保育コンサルテーションでは、MSPA の厳密な評定を
おこなわなくても、その概念を用いて情報を集め、それを整理するう

特別寄稿コラム

えで役立てることができます。また、事前アンケートから保護者がわが子をどのようにとらえているのかを理解することができ、保護者の視点に寄り添った支援につなげられると考えられます。さらに、保育場面の行動観察は、通常限られた時間内に効率よくおこなうことが求められます。MSPA の評定を意識して観察することで、発達特性に関連する行動をもれなくとらえることができるでしょう。

学校現場での活用──事例検討として

小学校では、一人の担任が多くの時間、クラスに関わっています。そのため、個別の配慮や教室環境の調整はその担任の知識や経験に左右されることが多いようです。一方、中学校や高等学校では教科担任制のため、複数の教師が授業に関わっています。気になる子に対して、それぞれが自分の経験に基づいて理解し、配慮しているとしたら、生徒の側からみれば一貫性のない支援環境であるかもしれません。

学校現場における事例検討会などの機会を利用し、気になる子のMSPA 評定のために情報収集をおこなう試みをしたことがあります。このような検討会を開く利点は、複数の関係者の話を同時に収集・共有できることにあります。入学時の情報、以前の学年での情報などが収集でき、学校での姿を縦断的にとらえられます。さらに、それぞれの関係者がどのように見立て、対応をおこなってきたのかよく理解できます。それぞれが独自に工夫している支援内容を共有し、その効果について全体で検討することで、まさにチーム学校としての機能が発揮されることでしょう。

移行支援における活用

学校生活での適応は、入学時からスムーズなスタートを切ることが

重要です。そのため、小学校スタートプログラムや移行支援シートの作成、保・幼・小の連絡会議などのさまざまな試みが広がっています。また、地域の小学校から就学前機関を参観したり、小学校へ進学後に保育所や幼稚園の先生が参観したりといった交流もさかんになってきています。就学支援シートをすべての子どもの保護者に配布し、希望に応じて作成するようにしている地域もみられます。

　ところで、清水・木下（2016）がおこなった調査では、就学前後で適応の様子が異なったり、入学後学年が上がるにつれて適応状態に変化が生じたりする事例があることがわかりました。幼稚園や保育所では特性が目立っていたのにその後は目立たなくなった子もいれば、支援の必要性が把握されていなかったのに学校で不適応となり、診断がついたという子もいたのです。

　このような子どもたちは、おそらく発達障害の特性の強さが診断上の境界くらいであると考えられます。そのため、環境がその子に合っていれば適応上の問題は目立ちません。一方、環境からの要求がその子の対処能力を超えた場合は不適応をきたします。支援者は、生来的な特性を把握し、合わない環境のもとでは二次的な問題が生じるおそれもあることを念頭においておく必要があるでしょう。そのうえで、本人の成長に合わせてライフステージの中でどのようなことが発達課題となってくるのかを見極め、環境を整えながら、発達段階に応じた自己理解を促し、自分で対処する力を身につけるよう支援することが目標となるでしょう。MSPA 記録用紙には、ライフステージごとの留意点がまとめられています。これを参照することで、少し先の時期の集団の状態を想定し準備する、といった視点を持った支援をおこなうことができます。

特別寄稿コラム

まとめ

　MSPA の評定を現場で暫定的におこなうにあたっての留意点について、最後にまとめておきたいと思います。

　まず、対象となる子の特性についての表現には注意が必要です。特性理解を深めるには、例えば「場の空気が読めない」というように概括的にとらえた印象を語るのではなく、具体的なエピソードを状況の前後関係とともに語ることが必要です。そのうえで、エピソードからうかがえる内容が諸特性のどの項目に該当するのかについて検討します。

　また、こだわりや感覚の問題については、とくに支援者側の理解が求められます。特性の中でもこだわりや感覚は、配慮や環境調整が最も必要であると考えられます。保育や教育の現場では、多動や衝動性といった目立つ行動上の問題は気づかれやすいのに対し、家庭内だけの独自のルールや無遅刻無欠席へのこだわりなど集団場面で問題にならない面で特性が強く表れているような場合、特性と気づかれないおそれがあります。しかしながら、本田（2013）は、心理的ストレスの強さと社会的に特異なこだわりとの関連について指摘しています。また、感覚の問題も心理的なストレスの影響を受けると考えられます。環境の変化により心理的なストレスが強まれば、特性の表れ方が変わったり、二次的な問題を引き起こしたりするおそれがあります。複数の場面におけるエピソードの丁寧な聴き取りによって特性の程度を把握し、対処の仕方を考えることが重要となります。

　最後に、繰り返しになりますが、保育や教育の現場で「気になる」子の多くは、それぞれに応じた環境調整をおこなうことで適応を促すことが可能です。気になる子への支援では、特性の程度を把握し、先の段階も想定した支援体制を構築し、関係者が協働することが望まれ

ます。MSPAはまさにこのような期待に応えるものと考えられます。

引用文献

本田秀雄（2013）『自閉症スペクトラム―― 10人に1人が抱える「生きづらさ」の正体』ソフトバンク新書．pp. 48-50.

清水里美・馬見塚珠生（2017）「保育コンサルテーションにおけるMSPA（発達障害用要支援評価スケール）の活用」日本保育学会第70会大会発表論文集.

清水里美・木下裕紀子（2017）「発達障害の要支援度評価尺度（MSPA）の現場における活用（1）――就学移行支援で求められるアセスメントの観点から」日本LD学会第26回大会発表論文集.

2 幼児期、早期支援の現場における活用

若林彩（京都府城陽市立ふたば園）
臨床心理士

　筆者は現在の所属を含め、主に乳幼児期の子どもたちの発達支援に約20年携わっています。その中で、大きな成長を見せる子どもたちとたくさん出会ってきました。

　キンダーカウンセラーとしていくつかの幼稚園でお仕事をさせていただいている中で、入園してしばらくは強いこだわりや多動で混乱が大きく、ほとんど教室にいないというスタートを切るお子さんたちに毎年出会います。そのたびに、先生方と「今年も頑張るか！」と笑って作戦タイムに入るのが春の恒例になっています。

　こうしたお子さんたちも、3年間しっかりと幼稚園で支援を受け、療育にも通うことで、年長の段階ではかなり混乱や逸脱もおさまって、楽しんで集団参加できるようになるという様子がしばしば見られます。こうした幼稚園での経験の中でMSPAを実施した際のことを振り返り、早期支援について考えてみたいと思います。

　幼稚園の3年間でのお子さんたちの変化の背景には、それぞれ個別に工夫されてきたことがたくさんあります。なぜ飛び出すのかをいろいろと考えて、好きなものを教室におくようにしたこと、スケジュー

ルを理解するために、まずは見せる情報の在り方、量、本人の大好きな地下鉄の駅番号になぞらえた'次の駅に行く'スケジュールを作って注目しようとする気持ちを引き出したこと。

理解できるようになったスケジュールには、こだわりの玩具はいつ使えるのか、大好きな職員室の椅子にはいつ座れるのかといった、本人の好きなことがきちんと示され、子どもと先生の共通理解として過ごしてきたこと。教室での滞在時間が増えるとともに、座る位置を配慮して、待てない時の過ごし方を工夫してきたこと……。

就学が目前になると、これらの支援をどうその後につなげていくのか、就学の移行支援シートなどを前にしていつも頭を悩ませます。その年は幼稚園での支援でとても大きな成長を見せたあるお子さんが、支援体制の違う他市に転出することになりました。保護者は就学先の小学校にご相談に出向かれ、校長先生とお話しをされました。「まずは普通に過ごしてみて、必要だったら考えましょう」という、面談に応じた小学校長の穏やかな話しぶりに、保護者をはじめ、関わってきた先生方も焦りました。住まいも、環境も、ライフステージもすべて変わる。変化に弱い子どもが、見通しもない中で「普通に過ごす」って……？

筆者はこうしたご相談を受け、保護者と幼稚園の担任教諭の協力のもとで、MSPAを実施することを提案しました。一番特性が目立った当時の筆者の相談記録、保育記録、保護者の育児日記を振り返り、一番「最初」のこの子のことを整理してみよう……。

その取り組みをやってみて、良かったとみんなで共感できたことがいくつかあります。まず、こんなに成長していたんだと、保護者も担任教諭も幸せな気持ちになったこと。いろいろやってきてよかった、これからもできそうだ、と支援する側がその意味を実感できたこと。

特別寄稿コラム

「小学校の先生にきちんと話ができる気がしてきた」と、保護者も本人の全体像を捉えなおして本人にとって一番必要な支援は何か、整理して考えられたこと。「今後また他の子どものいろんな課題にも試行錯誤して支援していこうと思えた」と、担任の教室内での支援に対する理解とモチベーションを高められたこと。

　MSPA では、家庭、所属園など複数の環境について、関わる大人がそれぞれの情報を持ち寄ることになります。その結果、この時も関わる大人がそれぞれに経験した実際の出来事や様子を発達特性という視点から話し合い、実感を持って理解を共有することができたのだと、あらためて感じさせられた場面でした。

　また、学校の先生にレーダーチャートをお見せしながら保護者がお話しされる中で、話題の土台があってお話がしやすかった、という感想を得ました。保護者と支援者が、機関の垣根を超えて、子どもの発達課題の理解を深めることができ、支援のポイントを共有することが可能になるかもしれない、そうなってほしい、と感じていたことを覚えています。

　移行支援として就学相談の場面では、現在の指数や適応の様子が注目されやすく、成長の背景が見落とされることがあります。その結果、環境の変化や支援の得られなさで混乱を来す子どもがいます。受身的なタイプの子どもは他者を困らせることが少なく、本人の課題に気づかれないままになることもあります。

　「今」しか知らない大人が、集団の中にいる子どもの困り感を理解するのは本当に難しいことです。担任教諭が子どもの特性についてあらかじめ知ることができていたら、出来事を見る目が変わるのではないでしょうか。

幼児期は子どもをリアルタイムに評価でき、他の時期に比べて多くの大人がより密に関わるため、比較的ありのままを細やかに観察し記録に残すことができます。生涯変わりにくい特性として幼児期にベースとなる情報を持つことは、支援の効果の大きさや大切さ、適切な環境調整によって発揮しうる力を知る手掛かりになります。

私たち、関わる大人は、成長を喜びながら、成長の背景にある「必要な支援」を次の新しいライフステージに繋いで行く必要があるのだと思っています。

3 教育相談での活用のタイミングと利点

山中陽子（京都府総合教育センター）
臨床心理士

　筆者は幼稚園から小・中学生、高校生までの教育相談の現場で仕事をしています。相談に来られた方に、どんなときに MSPA をご紹介して、一緒に考えてみませんかとお伝えするのか。MSPA がどんな風に役に立つのか。MSPA 活用のタイミングと利点について振り返ってみたいと思います。

(1)診断の有無に関わらず、支援を始めることができる

　教育相談の現場でも、普段の学校生活や家庭で生じる様々な困難やトラブルの背景に、発達の特性が影響していると考えられることがあります。しかし、学校の先生から医療機関の受診を勧められても、長期の待ち時間が生じていることも少なくありません。「病院に行ってみられては」と勧められ、思い悩みながら予約をいれたものの診察は半年、1年先。その間にも学校や家庭で、本人が困っていることに対して適切な支援をするために、特性を理解したい。そんなときにまずは MSPA を使ってみませんか、とお勧めすることがあります。

　また、保護者の方やご家族の考えとして、今は診断を受ける必要性を感じないというときにも、「一度どのあたりで困っているのか、支

88

援が必要かどうかを整理してみませんか」とお話しします。すると「診断される、評価される」のではなく「自分たちで考えてみる」という方向で話し合いができると感じています。

(2)やりとりを通して、特性把握の精度が上がる

　MSPA の特長は、評定者からの一方的な評価ではなく、アンケートに記入してもらい、それをふまえながらやりとりを通して評定用紙に書き込んでいく、そのプロセスにあると考えています。本人、家族、学校の先生とのやりとりを通して、具体的なエピソードを丁寧に拾い、それがどの特性に由来しているのかを考える、すでにその段階で本人に対する気づきや理解が深まることもあります。記録用紙に沿ってエピソードを確認していくと「ああ、そうか、わがままだと思っていたけれど、そうではなくてこちらの意図が伝わっていなかったのですね」とか「やる気がないのではなく、手先の不器用さにずっと困ってきたのですね」といったことに気づきます。実際のエピソードから考えられる特性を伝えるので、保護者や先生もイメージしやすく、納得しやすいのかもしれません。

　MSPA に習熟した評定者の面接に同席させてもらったことがあります。相手の方の理解や特性に合わせて聞き方や言葉の選び方を少しずつ調整しながら、エピソードを引き出す面接をする。それによって、得られる情報が格段に増え、特性把握の精度が上がることを目の当たりにしました。やりとりの際に得られた工夫がその後の支援に役立つとも感じます。MSPA では必ず直接本人と面接するか、様子を観察することが定められていることが重要な点です。

特別寄稿コラム

⑶診断がつかない子どもに対する理解の幅が広がる

病院に行っても診断がつかない子どももいます。そもそも受診が必要かどうかもわからないけれど、困ったことが学校で起きていることもあります。診断がつかないから支援をしなくてよいわけではなく、どの子どもについても何に困っているのかを的確にとらえることはとても大切なことだと思います。MSPA を活用することで、診断のつかない子どもにも特性をおさえた支援をすることができます。レーダーチャートを見て「そうだった、この子は少し不注意の傾向があって、自分で気づいていけるような手がかりが必要だった」とわかると、家でも学校でもどう関わればいいのか、ヒントを得られるように思います。学年が上がるときの移行の際にも有効に利用できます。

⑷支援する側が特性を共通理解する言葉をもつ

上記のように、本人と、本人に実際に関わる人たちが MSPA を通してエピソードを記録用紙に落とし込み、共有することで、同じ意味と重みを持った言葉で特性を理解できるようになります。例えば、「多動」という言葉だけを聞くと、学校の先生や保護者によってイメージされることがずいぶん異なることもあります。同じ「多動」の状態の人は一人もいないので、エピソードを通してその人にとっての「多動」、その人にとって必要な支援を考えられる点が MSPA の特長だと考えています。

⑸二次障害や他の症状の背景にある特性に気がつく

MSPA は生涯変わらないと考えられる特性を評価します。なるほど、MSPA はこんな風に役立つのだなと思ったことがあります。幼少期や小学校時代に MSPA を利用した子どもが、レーダーチャートを持っ

て中学・高校以降の教育相談の場につながったときのことです。年齢が上がり、これは思春期特有の課題なのか、二次障害の結果起きていることなのか、それとも他の疾患があるのか。見えている状態が複雑になり、もともとの特性が見えにくくなることがあるように感じます。そんなときに小学校の頃の MSPA を見せてもらうことで、「この人のもともとの特性はこうだったんだな」と明確になり、複雑な状態の中でも、受診を待つ段階で、ひとまず特性によって起きている困りごとへの支援を始めることができました。背景に特性があるかないかによって、今の状態への理解も大きく変わってくるように思います。ライフステージを通しての支援にも MSPA が有効であると感じています。

4 小学生・中学生への支援における活用

小川詩乃（京都大学こころの未来研究センター）
特別支援教育士

　京都大学こころの未来研究センターでは「発達障害の学習支援・コミュニケーション支援」プロジェクトの一環として、学習やコミュニケーション等に苦手さを持つ子どもたち（主に小学生および中学生）を対象とした支援実践を行っています。ここでは、お子さんや保護者の方々が困っていることや悩んでいることに対して、より良い方法を一緒に探っていくというスタイルを取っています。

　そのような支援を行ううえで問題となるのが、ひとりひとりが抱える困難が多様であることです。たとえ診断名が同じでも、子どもたちが抱える問題や必要とする支援、本人にとって有効な工夫はそれぞれ異なります。ひとりひとりの子どもに合った方法を探っていく必要がある中で、特性別に要支援度を把握するという MSPA は、診断名にとらわれずにより良い方法を探す重要なツールとなっています。本コラムでは、MSPA から学んだことを 2 点紹介したいと思います。

　1 つ目は、発達障害の方が抱えている困難の全体像を捉える必要があるということです。これまでは、保護者の方も支援者も、表面に現れる問題や特徴に気を取られ、視野が狭くなってしまうことがありま

した。MSPA の特長である「発達障害の方が抱えやすい 14 の特性」という視点を持って保護者の方と情報共有することで、発達障害の方の抱える困難の本質的な要因を見つけることができる場合があります。

　例えば、塾に行きたくないというお子さんがいました。保護者の方は「勉強が嫌だから塾に行きたがらない」と考えていて、「どうすれば勉強が好きになるのか」と悩んでいました。ところが、支援者には勉強について疑問点を質問してくれること、家庭教師の先生とも楽しく勉強をしている様子であることから、どうやら「勉強が嫌だから塾に行きたがらない」わけではないことが分かってきました。そこで、MSPA によって把握した特性を元に、塾に行きたがらない理由の候補を保護者の方と一緒にいくつか考え（例えば、集団適応力の要支援度が高かったことから、塾内の暗黙のルールがわからないのかもしれない等）、それを家に持ち帰ってお子さんと話してもらうことにしました。その結果、そのお子さんは塾に行くと感覚過敏により気持ち悪くなってしまうけれど、それを言い出せなかったことが判明しました。問題の本質は勉強の好き・嫌いとはまったく異なるところにあり、MSPA を用いて保護者の方と一緒に視野を広げることで、本当の原因を探ることが可能になったわけです。

　2 つ目は、本人に合った支援をより詳細に考えるためには「要支援度」という視点を持つ必要があるということです。これまでも診断名や特性名に応じた工夫は行われてきましたが、同じ診断名・特性名であっても、ある子で有効だった工夫が別の子にはまったく効果を持たないことがありました。MSPA では「各特性の要支援度」という考え方が導入されており、特性名だけでなくその程度にも注意を払うことで、その子にあった工夫を提案できる場合があります。

特別寄稿コラム

　例えば、不注意の特性があり学校から必要なものを持ち帰ることに困難がある場合、「メモを取る」という工夫を勧めることが一般的です。しかし、そのようなお子さんの中には要支援度が高く、メモ自体を失くしてしまう方がいました。そこで要支援度に合わせた工夫を検討した結果、このお子さんのケースではランドセルのかぶせ裏という必ず目にする場所に保護者の方がメモを書いて張り付けるという方法に行き着きました。このように、不注意の程度が強くても、その強さに合った工夫を考えることで可能なことが増えるという経験は、本人にも保護者の方にも将来に向けて自信につながる経験になったように感じています。

　100％正しい支援というものは存在しないため、目の前の子どもにはどのような言葉かけが、教材が、環境が良いのか、私たちは常に悩みながら支援を行うことになります。すこしでも適した支援を行うために、子どもたちの特性をより詳細に把握するMSPAはとても重要なヒントになります。今後もMSPAを活用し、子どもたちや保護者の方々とのコミュニケーションを大切にしながら、ひとりひとりに合わせた支援に取り組んでいきたいと考えています。

5 教育相談での活用事例

鋒山智子（京都府教育庁指導部高校教育課）
特別支援教育士スーパーバイザー、臨床発達心理士

　学齢期の発達障害は、保護者や担任などの気づきをきっかけに、教育相談や巡回教育相談で多く出会います。また、担任は気づいていなくても、校内の特別支援教育コーディネーターや通級指導教室の担当者が教育相談をしている場合には、「通常の学級に在籍しているが、学習成果があがらない。友達関係がうまくいかない」等の主訴で相談を行う中で、発達障害やその周辺の課題が疑われるケースもみられます。

　学校の教育相談ではすぐに発達検査をするとは限らないのですが、保護者の了解のもとに、学校内での様子、各教科の学習状況、成績などの具体的な情報が得やすいという利点があります。そのような情報も含めて、「どのようなポイントで聞き取りをし、情報収集をすれば、認知特性が把握できるのか」がわかる MSPA は非常に便利なツールです。

　教育相談で出会った中で、MSPA を活用することで保護者の不安を解消し、子どもの特性を把握して予測される今後の配慮を確認できたケースを一つご紹介したいと思います。主訴は、子どもの発達障害の

特別寄稿コラム

疑いでした。保護者御自身が発達障害の診断を受け、学齢期には非常に苦しんで成長されたのですが、小学生の我が子の特性が御自身とよく似ていて、今後我が子も自分と同じように苦しい学校生活を送るのではないか、と思って心配されているケースでした。

その方は不注意、多動、衝動性のどれもが非常に強い ADHD で、感覚過敏もあるとのことでした。出会った季節は冬だったのですが、感覚過敏を避けるためにサングラスをかけて入室されました。

御自身の育ちをお聞きするうちに、本来の特性は非常に強いにもかかわらず、早期支援を受けて、うまく社会適応され、様々な工夫で困難を軽減されてきたことがわかりました。そこで、まずは幼少期のエピソードから保護者ご自身の本来の特性の強さをレーダーチャートに示しました。次に、現在までにどのような工夫をされてきたのか、その結果どの程度の不都合で暮らしておられるのかを聞き取り、今現在の実感をレーダーチャートとくらべてみました。それによって、対処法を学ばれた結果、今の状態がどの程度の困難さまで改善されているかを、ご本人に確認いただくことができました。

続いて、お子さんの状況を聞き取り、認知特性を確認しました。すると、「自分と似ていて心配」と感じておられたものの、同じ ADHD の傾向はあっても、保護者よりはマイルドなレベルであること、元気の良さが多くの友達を引き付ける魅力となっていることも確認できました。また、不注意傾向については、既に担任の気づきがあり、学習で困らない習慣づけの試みが続けられていることもわかりました。

現在の小学校ではうまく配慮を加えて教育されており学習成績も心配ない状態でしたので、中学校に入学する際には小学校から配慮の手立てを引き継いでもらい、中学校での学習状況を丁寧に見ていく必要があることを話し合いました。

5 教育相談での活用事例

　保護者御自身が苦労されたからこそ、子育てでその経験を予防的に使って対応されていることも功を奏していました。効果的な手立ては学校にも伝え、情報を共有しながら配慮を続けることが望ましいことを確認しました。

　漠然とした不安から来室されましたが、子どもの特性とともにどのレベルの困難なのかを視覚的に示す MSPA を使うことによって、保護者の子育てを肯定的に確認するとともに、担任と相談すべき今後の予防的な対応のポイントを示すことができました。保護者の了解のもと、相談内容を担任に伝え、子どもへの継続支援をお願いしました。

6 中学校での活用

鈴木英太 (京都府向日市立寺戸中学校)
臨床発達心理士、特別支援教育士

　思春期真っ只中である中学生という時期は、身体的にも心理的にも変化が激しく不安定になりがちです。一方で、自分を見つめ直す準備が整いつつある時期であるとも言えます。ここでは、中学校におけるMSPA活用のポイントを紹介します。

①移行支援ツールとして

　小学校から中学校、中学校から高等学校への移行支援を効果的に行うためには、対象生徒の状態が「特性」による要因からなのか、「環境」による二次的な要因からなのか、きちんと切り分けた見立てが必要となります。しかし、実際に引き継がれる情報は、診断の有無や特性を含んだ直近の状態のみのケースが多く見受けられます。MSPAを活用することで、(「特性」と「環境」が切り分けられた) 幼児期からの情報を、ライフステージを貫く「共通言語」として次のステージにつなげることができます。

②具体的な支援

　MSPAによって対象生徒の今の「状態」と本来の「特性」の差異に

焦点を当て、そこから支援策を考えていきます。いくつか例を挙げてみましょう。忘れ物がなく、一見しっかりしているように見えても、特性としての「不注意」を、（忘れ物をしてはいけないという）「こだわり」の強さでカバーしていることがあります。予後として、不安の強さから精神的に追い詰められ二次的な症状に発展していく可能性が考えられます。この場合は不安の軽減に向けたプログラムが必要となるでしょう。また「多動性」、「衝動性」の強さにも関わらず、集団の中で不適応を起こさずに協力して生き生きと活動していたり、「こだわり」の強さの割には柔軟に対応しているように見えたりする場合、教師の関わりや指導法に効果的な支援のヒントが隠れていると考えることができます。MSPA によって本来の「特性」を理解することで、「個別の指導計画」や「個別の教育支援計画」の作成と連動させて具体的な支援につなげていきます。

③ 「自己理解」から「自分への支援」へ

　人と違う自分でありたいが、人と違うことを嫌がるなどの両面性が見られるこの時期、不適応を起こすことで自己肯定感や自尊感情が低下し、特性とは別の二次的な障害（不登校や非行、その他深刻な不適応など）へ問題が変化していくことがあります。二次的な障害を防ぐためには、MSPA 活用のキーワードである「自己理解」が重要です。MSPA を用いて「特性」のフィードバックを行うことで、自己の特性を理解し、環境との適切な調整の仕方について考えることができます。「自己理解」を進めることが、特性の有効な活用法や対処法への理解を促進し、最終的には自分で自分を支援することにつながります。

特別寄稿コラム

④保護者との協働に向けて

　MSPA の評定場面において、保護者が感極まって涙を流すことがあります。MSPA では幼児期のエピソードを中心に聞き取りを行うため、昔の記憶と共に感情がよみがえるのでしょう。過去の苦労を思い出し、泣きながら笑顔で話す保護者と共に、「今ここ」にある辛さや困りとは別の、「過ぎ去った苦労」そして「乗り越えてきた歴史」を追体験し、共有することができます。「今ここ」で必要な支援を行うにあたり、保護者と協働体制をとる意思確認のための貴重な機会と捉えることができます。

　診断は支援を行うための必要条件ではありません。MSPA による特性理解を支援につなげるためには、それぞれの支援者が具体的な支援までのイメージを持つことが大切です。中学校現場ならではの学校体制や連携の在り方、評定者や支援者の立場（担任、コーディネーター、通級担当、スクールカウンセラーなど）によって様々な支援方法が考えられます。その際「共通言語」、「特性と環境の切り分け」、「ライフステージを通した支援」などの MSPA の概念を基に、効果的な支援とは何か再考察することが重要です。MSPA を活用することで、これまでとは違った視点から具体的な支援を考えることができます。

7 クリニックにおける活用

馬見塚珠生（親と子のこころのエンパワメント研究所）
臨床心理士

　Aさん（高校1年女子）は、通学電車でのパニック発作、不眠による欠席、遅刻、先生や母への恐怖等を訴えて、夏休み明けに一般精神科クリニックを受診されました。実は中学校から不登校で、通信制高校に進学しましたが不適応を起こし、他院でADHDという診断をもらい発達障害の生徒を受け入れる高校に転校していたにもかかわらず、症状が改善していませんでした。診断はあるものの、保護者も本人も学校も、十分に本人の発達障害特性を把握した支援にはつながっておらず、二次障害として上記症状が増幅していると見立てました。あらためて保護者と本人の同意を得て、WAIS（ウェクスラー成人知能検査）およびMSPA検査を実施しました。

　WAISの結果、言語理解は非常に高いものの、処理速度の極端な遅さのために力が発揮されていないことが明確でした。情報量が多くなるとどこに注目していいかわからず、部分にこだわってしまうために全体を統合してとらえることが困難となり、通常の2倍から3倍の時間を要することがわかりました。またMSPAでは、3以上の困難を抱える特性は、コミュニケーション、集団適応力、こだわり、感覚、粗大運動、微細協調運動、不注意でみられ、これらの特性があいまって、

特別寄稿コラム

学校のレポートが一人で書けず間に合わない、試験で点数が取れないので怒られ補講が増えるが、それさえ受けられないという悪循環が生じていました。特に不注意特性は4と高く、小学校の頃から忘れ物が多く、一人で宿題も準備もできないので母がすべてやっており、母はこれが本人の特性であることをMSPAで明確になるまで認識していませんでした。そのため、生活経験も積んできていなかったので学校生活に必要なさまざまなスケジュール管理や段取りを一人で組むことができませんでした。

　検査のフィードバック後、本人、保護者、学校の特性への理解が急速に進み、学校は特別支援と年齢相応の自立課題のバランスを考えて指導に当たってくれました。試験やレポートの時間の延長の許可、文化祭ではセリフが覚えられないので本人の特技を披露する役に変更、卒業式には在校生代表で挨拶をするなど、自信が持てるチャンスを与えてもらい、その結果達成感を得ることができ、クラスメイトとの交流が進むきっかけとなりました。母の本人への見方と対応が変わり、できるだけ自分でできて自信が持てるような生活上の工夫を親子で編み出し、母子の関係は大きく改善しました。こうした環境調整で本人が前向きに努力できるようになり、3学期は遅刻なく、入学後初めてすべての試験を受けるほど頑張ることができました。

　本人は、検査結果を聞き、「覚えていられないし時間の感覚も人と違うからわからない、ということが不安だったんだ」と自分の状態を言語化し、自己理解が進んだあたりから不安が減り減薬も始まりました。母は「この子の困難を十数年知らずに来たのだけど、MSPAは、はっきりわかりやすく、それに基づいた具体的な所見があったので理解する助けになりました。娘を理解するために何度も見直しています。学校にもこれを出してから変わったと思う。先生もこれがあるとどこで

102

サポートしたらいいのかわかり学校全体で共有してくれました」「これからも大変なことは多いと思うけど、娘の進路選択を間違えずにしてやれる時間ができたことが本当によかった」と話されました。

　一般精神科クリニックでの発達障害の受診率は今や20％、彼らの57％は初診時はうつや不安等の主訴で来院するという報告もあります（丸山 2017）。Ａさんもまさにそんな患者さんの一人でした。MSPA が、迅速かつ適切な発達特性の把握と具体的な支援によって、患者さんの生活の質を改善するツールとして有効であることを、改めて教えてくれたＡさんでした。

参考文献

丸山一仁（2017）「一般精神科外来における大人の発達障害の診療」精神科治療学 32（12），1578-1583.

8 臨床心理士として考える
MSPA の心理治療的活用について

天下谷恭一（京都大学大学院人間・環境学研究科）
臨床心理士

　私はこれまで臨床心理士として、医療機関で多くの発達障害の患者さんに MSPA を施行してきました。私がお会いしてきた患者さんは、どちらかと言うと青年から成人の方が多く、幼少期に発達特性が見逃されたために何の支援も受けてこず、成長後に二次障害を起こしてしまっている方たちでした。特性が正しく理解されないと、不適応が生じた時に、本人も周囲の人たちもその原因を本人の性格や努力不足のせいにしてしまいがちで、その結果、患者さんがひどい自己嫌悪や人間不信に陥ってしまっていることがあります。こうした患者さんたちは、とてもつらい気持ちを抱えて来院されるわけですが、私はそうした方たちに MSPA を施行する中で、特性理解が彼らの救いになることがあり、そして、特性理解のツールとしての MSPA には心理臨床的な意味での治療的な作用があるのではないかと考えるようになりました。
　私が MSPA を施行した大学生の女性Aさんについてお話したいと思います。Aさんは幼い頃から勉強は大変よくできましたが、対人関係はかなり苦手でした。Aさんは中学生くらいまで、他人にも心があるということをわかっていなかったと言います。人の気持ちを把握することが苦手で、思ったことをそのまま口に出してしまうので、同級

生から嫌われ、厄介者扱いをされ、いじめられることもあったそうです。高校以降は逆に対人関係に過敏になり、他人とのコミュニケーションを過度に気にするようになりました。Aさんは他人の会話を観察・研究するなどして、表面上困らない程度にコミュニケーションをすることができるようになりましたが、それでも、Aさんの生きづらさは変わりませんでした。

　Aさんは高校生の時に同級生からSNSで「人格が歪んでいる」と書かれたことがあり、その言葉がずっと心に突き刺さっていました。実際に中学生までは他人の気持ちを考えられなかったこともあり、Aさんは自分のことを"人の気持ちを考えないひどい人間"であると認識していて、そんな自分は生きている価値がないのではないかと、自分を責めていました。Aさんはインターネットで発達障害のことを知り、自分は発達障害かもしれないと考え始めましたが、発達障害のせいにして自分の問題から逃げているだけではないかとも考え、悩み続けていました。悩んだ末に、第三者の目から発達障害かどうかを判断してもらおうと考え、来院されたのでした。

　MSPAの面談では、Aさんのこれまでの苦難のエピソードが次から次へと出てきました。まるで語られることを待っていたかのようだと私には感じられました。Aさんのお母さんにも幼少期の様子などを伺いましたが、Aさんのこれまでのエピソードは自閉スペクトラム症（ASD）の特徴によく当てはまるものであり、AさんのMSPAのレーダーチャートはASDに関連する項目の評点が高いものとなりました。

　フィードバックでMSPAのレーダーチャートを受け取り、私からの結果の説明を聞いたAさんは、「特性が弱くなくてよかった。もし特性が弱かったら私の人格が歪んでいるということですから」と言い、安堵していました。後にAさんが語ったことですが、MSPAの結果を

特別寄稿コラム

受けて、Aさんは肩の荷が下りた感じがしたそうです。Aさんは「レーダーチャートは分かりやすかった。どこからどこまでが私の責任なのかが分かった。あれから自分のことを不必要に責めることが少なくなったように思う。今でも昔のことを思い出してつらくなることはあるけれど、ある面については私が悪かったんじゃない、生まれつきのもので仕方がなかったんだと思えるようになったら、生きることが少し楽になった」と言いました。他人の気持ちを考えることが苦手であることを受け止めた上で、それでも人と深くかかわりたいと望んだAさんは、現在、人の気持ちをもっと考えられるようになることを目標にカウンセリングを受けて頑張っています。

MSPAはその構造上、苦しかった過去を振り返り、時に押し込めていた感情を吐き出す場になりえます。そして、特性によるものとそうでないものを整理して自己理解を促すことで、Aさんのように、自分をより受け入れられるようになり、自己肯定感が高まることがあります。私は、こうしたプロセスは非常に心理治療的なのではないかと考えます。もちろんすべての患者さんにこうしたプロセスが生じるわけではないですし、MSPAの基本的な目的はやはり具体的な支援につなげることだと思います。しかしながら、特にAさんのような二次障害を抱え、苦しんでいる発達障害の患者さんの中には、支援に向けて具体的な行動を起こしていく前に、自分の過去を振り返るなどの、こうした心理治療的なプロセスが必要な方がいらっしゃるように思います。そして、MSPAにはこうした方たちに対する心理治療的な活用の可能性が秘められているのではないかと私は思うのです。

*コラム中のAさんの事例は実際のケースを元にしていますが、
　個人が特定されないように詳細を変更してあります。

9 大学における学生支援での活用

岩井栄一郎（立命館大学学生オフィス）
学校心理士

　私は大学において、診断の有無に関係なく、学生本人や周囲の困り感がある場合に支援をおこなう「支援コーディネーター」という仕事をしています。日本学生支援機構の報告（図を参照）によれば、平成28年度における高等教育機関における障害のある学生の総数は27,257人であり、障害種別で見ていくと、病弱・虚弱が9,387人（34.4%）、精神障害が6,775人（25.9%）、発達障害は4,150人（15.2%）となっています（カッコ内は内訳%）。高等教育機関での障害学生支援の整備が進み、障害者の法定雇用率が上がることによって、今後もますます障害のある学生の数は増えていくことになると思います。

　大学の支援窓口には、様々な学生が相談に来ます。発達障害に関することで言えば、未診断であるが発達特性がはっきりしている学生、大学に入ってから自分がそうではないかと思っている学生や大学進学後に診断を受けた学生、それに、幼少期・学齢期に診断を受けている学生です。発達障害の認知特性がある方を対象にした場合、次のような目的でMSPAが活用できると考えます。まずは、自分のことを知っていく際の活用、次には進路・就職の場面、特に就労支援機関等の外部機関の支援者などに本人のことを知って、理解してもらう際の活

特別寄稿コラム

図　障害学生数と障害学生在籍率の推移

日本学生支援機構（平成28年度）「大学、短期大学及び高等専門学校における障害のある学生の修学支援に関する実態調査」より

用が考えられると思います。

　具体的な支援のあり方を示すために、以下のようなケースを考えてみましょう。

文系学部4回生Aさんの場合

　発達障害の診断を小学校や中学校の頃に受けていました。ただ、本人は自身の特性について、それほど理解が深まっていません。学習面では特に困り感がなかったので、表面上は大きな躓きが見られず、大学まで進学されました。大学に入った途端、自分でスケジュールを立てなくてはいけない、ディスカッションやプレゼンを中心とした小規模クラスの授業形態になじめない、正課と課外活動の両立における困

難など、環境との相互性の中で苦手な部分が一気にクローズアップされました。それでも、自身の強みと得意な事を生かした工夫や友人・家族のフォローもあり、大学生活を過ごしてきましたが、とうとう就職活動で大きく躓きました。理由として、自分の特性が整理できていなかったので、企業選びでミスマッチが多かったり、面接場面で期待されていることを伝えられなかったり、タイムマネージメントの苦手さが無理なスケジュール計画につながっていたりということがありました。

　まず、特性のメリハリを客観的に整理することから始めました。その際に、MSPA 評定のための面談をし、そこで語られた内容をもとに特性チャートに落とし込み、チャートを用いて、強みや苦手さを説明しました。ここで気をつけたことは、できていないことや苦手さを羅列するのではなく、今までうまくいったことを具体的に聞き、ピックアップするように心がけました。なぜなら支援室には、本人がうまくいっていない状況で来られることが多いので、当然、発達特性をネガティブに捉えていることも多いからです。また、特性の得意さと苦手さは、表裏の関係になっていることも多く、強みで苦手さをカバーしていくことを、具体的な場面や実践方法も一緒に考え、整理していくことが大事でした。視覚的な特性チャートで示しながら、強みにも注目し、自身のタイプを理解していくというプロセスは、目の前の進路や就職のためでもありますが、今後の生き方のためにも大事な視点であると考えます。

　上記Aさんの事例は、これまでの経験をもとに創作したものです。
　発達障害の支援において、ライフステージや時々のニーズを考慮すれば、当然、一つの機関で支援が完結することはないでしょう。特に

特別寄稿コラム

大学は、在籍年数も決まっているので、関係機関で連携・協働していくことは、在学中から必須です。相談事業所や就労支援機関とやりとりする際には、MSPA の本人アンケート内容や特性チャートを用いて説明することが有効です。その際は、数字だけでなく、特性の強みや得意なこと、困り感も含めて説明しますが、マニュアルには、ライフステージごとのポイントになる項目が整理されており、かつ何に着目すれば良いのか記されているので、関係者とも大事な視点を共有しやすく、そこから具体的な支援アイディアが導きやすいです。A さんの場合も、就労支援機関には、本人のことをわかりやすく伝えることができました。このことから、学生相談の場面においても、MSPA は、とても有効なツールの一つであると考えます。

10 医療現場における就労支援での活用

嶌田裕子（京都大学医学部附属病院精神科神経科）
精神保健福祉士・臨床心理士

　私は医療機関の精神科相談員として就労支援に携わるなかで、発達障害の方を対象とする場合にMSPAを三つの段階で活用しています。MSPAを用いて対象者に関する情報を収集して課題を把握し、就労支援の方略をアセスメントする際の使い方（ステップ1）、MSPAの評定を対象者にフィードバックする過程で自己理解を促し、必要な手立てや職業選択を対象者と共に考えていく使い方（ステップ2）、職場の上司や就労支援機関の支援者などに働きかけて理解を求める使い方（ステップ3）です。

　厚生労働省の「平成29年　障害者雇用状況の集計結果」によると、平成29年6月の時点で就労中の障害者の内訳は身体障害者（約33.3万人）、知的障害者（約11.2万人）、精神障害者（約5万人）です。前年と比べて精神障害者の雇用増加率が19.1%高まったのが注目すべき点です。また、平成30年4月から障害者の法定雇用率が引き上げられるとともに、発達障害者を含む精神障害者も法定雇用率の算定基礎の対象となるため、更なる就職件数の増加が期待されています。

　先に示した3つのステップを、具体的に紹介していきましょう。

特別寄稿コラム

ステップ1：主治医から就労支援の依頼を受けた場合、まずは対象者が持っている就労への思いと状況を丁寧にアセスメントします。デイケア等からのステップアップを考えている方、一刻も早く働きたい方、既に働いているが離職の危機にある方など、それぞれが置かれた状況に即した就労準備支援や就労定着支援の流れを共に計画する必要があるからです。

アセスメントの具体的な流れは次の通りです。まず診断名、成育歴、心理検査所見、併存疾患や二次障害の有無などの医療情報を確認します。次に対象者と面談を行い、アセスメントシートを活用しながら社会資源利用状況や就労歴、就労観、ライフスキル（日常生活で生じるさまざまな問題や要求に対して建設的・効果的に対処するために必要な能力）などの情報を得ることで、就労準備性がどの程度整っているのかを確認します。

さらに並行してMSPA評定のための面談を施行します。各特性について幼少期からのエピソードを確認するなかで、職場でのトラブルなど、就労場面での特性が関連したエピソードも具体的に伺います。図に例として京都市の就労支援イメージを示しましたが、このように様々な就労支援機関があるなかで、どのルートで就労準備を行い、どの機関にどの程度の支援を依頼する必要があるかを考えるために、MSPAは有効なツールとなります。

ステップ2：MSPA評定のための面談で語られた内容を評定結果と関連させてフィードバックすると、就労にむけて自己理解がより進むメリットがあります。例えば仕事そのものの能力は高いけれど、コミュニケーションの苦手さ、集団適応への困難さなどASDの特性のために短期間での離職を繰り返している方の場合、「作業面で訓練を

10 医療現場における就労支援での活用

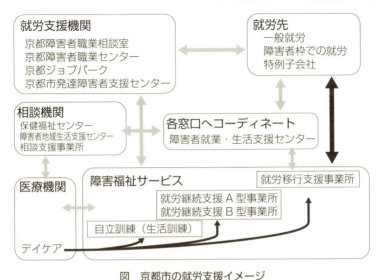

図　京都市の就労支援イメージ

受ける必要はないが、特性に理解のある職場の方が配慮を得やすい。定着支援を受けて支えられることで長く働けそう。就労が定着すれば、経済的・心理的安定が得られるメリットがありそうだな」という気づきが得られることもあります。

　一方で「特性があるのはわかったけれど、やはりこれまで通り自分の力だけで働きたい」と考えて就職先に障害をオープンにせず、クローズ就労を選ぶ方の場合は、思いを尊重しながら離職のリスクが低い職域を共に検討していきます。

　ステップ３：本人の自己理解や工夫のみならず、上司や就労支援機関などの周囲の理解と支援が必要な場合、特性に応じた支援を依頼する際にMSPA特性チャートを用いて説明をすると、視覚的にも捉えやすく理解が深まります。

特別寄稿コラム

　ここで大切なのは、MSPA 特性チャートを渡すだけで終わらせないことです。極端な例ですが、丁寧な引き継ぎを怠り特性チャートを渡すだけでは「こだわりの特性が高いからこの方は頑固なのだろう」などと思わぬ誤解が生じる可能性もあります。このため、「こだわりの強さから完成度を追求して課題提出がいつも締め切り間近になるが、一方で丁寧に物事をこなす長所にも繋がっている」といった説明も一緒に行うということを意識して実践しています。

　また、可能な範囲で本人を含む支援会議を開催することも大切だと考えています。顔を合わせて検討するなかで、本人や支援者それぞれが把握している特性的な行動をすり合わせることができ、互いの理解を深めて継続的な支援に繋げることができます。例えば感覚鈍麻やこだわりの特性があるため体調不良を感じにくく、自覚しても「体温計で計ったら 39 度の熱が出ていた」、「休職が必要と記載された診断書が出た」というように客観的な指標がないと休めない方がいるとします。この場合、毎日体温や睡眠時間を記録する表をつけていただき、就労支援の場でも支援者と体調を確認する習慣作りをすることで体調不良の自覚を促し、支援者も変化を把握しやすくなるという案を試すことができます。

　このように、発達障害を持つ方の就労支援にかかわる方略を考える上で、MSPA は、ご本人の自己理解にも支援者の理解にも活用できるものであると感じています。

11 支援者養成における活用

青山芳文（立命館大学産業社会学部）
特別支援教育士スーパーバイザー

　平成の初めの頃、学校現場で発達障害を認知していたのは「ことばの教室」（現通級指導教室）など一部の関係者だけでした。学習の困難は知的発達の遅れか「怠け」、行動上の問題は親の育て方の問題と認識されていました。わずか30年前のことです。

　それから約10年。2000年前後から学校現場でも発達障害が認知され始めました。子どもの行動の問題を発達障害の視点で理解することが急速に進み、「育て方が悪い」と親が非難されることが減ってきました。

　一方で、「子どもの行動の問題点を拾い上げて発達障害の視点だけで表面的に解釈する」、「診断名を求めてレッテルを貼る」ことが流行り、かえって適切な支援から遠ざかる状況も生まれました。残念ながら今でもその状況が続いているのではないでしょうか。

　こうした中、本書の著者である船曳康子先生によって、「診断名を絞り込むためのツール」ではなく、「個々に異なる諸特性の強度と支援度を明らかにして具体的な支援に繋げるためのツール」であるMSPAが開発されました。

特別寄稿コラム

MSPA の基本的な考え方や特徴は、次のようにまとめられます（青山の整理）。

・障害の有無を問わず、人は誰でも固有の生得的な諸特性を持って生きている。
・生得的な特性は、成長によっても環境によっても基本的には変わらない。（一方、生活上・学習上の困難やその現れ方は環境に大きく影響される。）
・定められた質問によって得た答えを数値化して評価する心理検査とは異なり、対話と観察によって得た情報からその人固有の諸特性の強度・支援度を評価する。
・本来の特性の質と強度・支援度を理解して、環境を調整しながら支援する。

私は、小学校と特別支援学校の教員を経て、今は大学に勤務しています。発達障害に関する講義では、知的障害を含む発達の障害を整理した後、ASD や ADHD の典型像を受講生にイメージ的に把握させてから、各種の発達障害に典型的に見られる諸特性を理解するという流れで授業を展開しています。3 年ほど前からは、MSPA の基本的な考え方を用いて諸特性の理解を深め、手立てや支援方法を考えることを大切にしてきました。

それまでは、障害名や障害の有無（診断の有無）にこだわり、「自閉症や ADHD という "自分たちとは違う発達障害者" がいる」という認識から離れられない学生や、パターン的な理解とステレオタイプ的な支援方法しか考えられない学生が多かったように思います。しかし、

MSPA の基本的な考え方を大切にしながら進めることで、特性による生活上や学習上の困難を自分自身に引き寄せて柔軟に理解することができる学生が増えてきました。

　小・中学校や特別支援学校の先生方とのケース相談でも、同様のことを感じています。MSPA は医療現場のニーズから開発されたと聞いていますが、MSPA の基本的な考え方は、教育現場など支援の場でこそ必要な概念ではないでしょうか。パターン的な発達障害理解やステレオタイプな対応に陥らないためにも、この考え方が広がり、活用されることを望みます。

＊コラムの中に登場する事例について、創作という記載のないものについては当事者の方の同意をいただいています。ご協力いただいた方々に深くお礼申し上げます。

Q&A

Q1

MSPA の評定を受けたい（子どもに受けさせたい）のですが、どこに申し込めばよいでしょうか？

A1

現時点では、お住まいの地域で発達障害の診断を行っている医療機関に相談するのが一番の早道ではないかと思います。MSPA の本来の主旨では医師以外でも評定ができることになっており、診断以前に地域の窓口で活用いただければ望ましいのですが、普及段階ということもあり、医療機関以外で MSPA を受けられる場所は少ないのが現状です。

Q2

MSPA の評定ができるようになりたいのですが、どうすればよいでしょうか？

Q&A

A2

　京都国際社会福祉センターにて、講習会を行っております。MSPA
の評定は、発達障害についての専門的知識を有する専門職者が、
MSPA の考え方や評定基準についてしっかりと理解し、十分な評定練
習を積んだ上で行う必要があります。そのため、現状では、講習会を
受講してから使って頂くことを原則としています。

　現在は年間 6 回程度、京都で講習会を開催し、1 回につき 50 ～ 100
名程度の受講生に対して 1 日半の講習を受けていただいています。京
都国際社会福祉センターのホームページ（http://www.kiswec.com/index.
html）を通じて申込みをしてください。

Q3

MSPA の講習会ではどういったことをするのですか？

A3

　1 日半の講習会のうち、初日は全体に向けての講演で MSPA の意
図や目的についての全体解説を行った後、注意事項やツールの説明な
ど実務の解説をします。さらに、いろいろな所見を見ながらどういう
場合に評定が 3 になる、4 になるといった練習と解説を行います。2
日目は演習を繰り返し行った後、グループワークを行っています。1
回あたり 50 ～ 100 名の受講者を数人ずつのグループに分けて、そこ
に 1 人ずつファシリテーター（進行役）として MSPA に精通したスタ
ッフが入る形で、ディスカッションを行います。ただ聞くだけの講義
ではなく、全員に発言をしていただいてスタッフがそこに関与し、誤

解をなくして MSPA を使いこなせるようになって帰っていただくというのをめざしています。

評定ができる人を養成するための講習会ということもあり、申込みは何らかの専門資格をお持ちの上で、発達障害に関する支援の現場経験がある方のみに限らせていただいています。それでもご登録後の待機期間が長くなっている状況です。ご理解いただければ幸いです。

Q4

MSPA のレーダーチャートや評定用紙はどこで手に入りますか？

A4

京都国際社会福祉センターが MSPA 記録用紙セットを発行しております。京都国際社会福祉センターのホームページ（http://www.kiswec.com/index.html）を通じて購入申込書にご記入の上、郵送または FAX にてお申込みください。

社会福祉法人京都国際社会福祉協力会
京都国際社会福祉センター
〒 612-8027　京都市伏見区桃山町本多上野 84
TEL：075-612-1506　FAX：075-621-8264

Q5

過去に一度 MSPA 講習会を受けたのですが、なかなか実際に使える機会がなく、復習をしたいと考えています。フォローアップのための講習会の予定はないでしょうか？

Q&A

A5

　申し訳ないのですが、新規の方の講習会も待機が出ている状況ですので、二度目の方のための講習会は現状では難しいと考えています。ご了承ください。

　最近は、MSPA の活用に関する学会発表というのが各学会で行われるようになっています。日本総合病院精神医学会、日本精神神経学会、日本児童青年精神医学会といった医学系の学会から、日本 LD 学会、日本臨床心理学会、日本発達心理学会、日本保育学会といった心理学系、また日本精神保健福祉士協会など各種資格ごとの学会などで、シンポジウムやポスター発表が行われています。ご自分と同じ職種の人が集まる大会で MSPA をめぐるテーマが扱われる際に足を運んでいただければ、専門家同士でディスカッションをすることが可能なのではないかと思います。こうした機会を通して、知識や活用法をブラッシュアップしていただければと考えています。

あとがき

　実は、私はもとは内科医でした。2000 年から米国に留学し、子ど
もや障害者をとりまく環境が日本とは大きく異なることを現地で体験
しました。その経験をもとに、子どものこころの社会支援にかかわり
たいと思うようになって、帰国後に精神科医になりました。

　発達外来を行ううちに、いろいろな問題に気づくようになりました。
まずは待機期間。内科医出身の私には、数ヶ月から年をまたぐ待機期
間は衝撃に近いものがあり、しかし、いくら医師個人が診療を頑張っ
たとしても到底解決できる問題ではないこともわかっていました。他
にも問題はいくつもありました。診断の線引きが明確でなく評価手法
も不足していること、医療でできることは限られていて当事者の方は
社会現場で困っておられること、専門分野ごとに理解度が異なること、
発達障害に精通した専門家が不足していること、「発達障害」という
用語が個人差の理解をよそに広まっていくこと……数え上げればまだ
まだあります。

　MSPA を開発した動機については、本文に示した通りです。2007 年
から日本学術振興会の特別研究員として、2009 年からは厚生労働科
学研究費の支援を受けて、5 年かけて評価尺度を作成しました。長い
時間がかかりましたが、たたき台を作成した上で、京都大学医学部附
属病院の児童精神科医 3 名、京都大学こころの未来研究センターで発

あとがき

達障害の療育を担当されている大学院生 4 名と意見交換を繰り返し、安定した評定者となるにはどのような条件が必要なのかなどを検討していきました。

論文も公表し、やっと完成したと思いましたが、次なる問題がありました。いくら完成しても、使われなければ意味がない、ということです。社会のさまざまな現場で実際に活用いただくことではじめて社会支援ツールとなるわけですが、私にはそこまで広い社会現場の経験も立場もありません。そういう時に、清水里美先生をはじめ、本書にコラムをお寄せくださった実にさまざまな立場の先生方が、熱意を持って活用を始めてくださいました。そこから先は、各現場の皆さまのアイディアをお借りしながら活用を進めていただいてきましたので、本書でも特別寄稿コラムの形で、その実践を示していただくことにしました。

2012 年からは新学術領域研究「構成論的発達科学」の支援を受けて研究活動を展開し、さらに 2014 年からは社会技術研究開発センター（RISTEX）の研究開発成果実装支援プログラムにて、社会実装へのご支援をいただきました。後者は MSPA の活用と普及のための支援です。お陰様で 2016 年 4 月には医療保険の適用となりました。現在は京都国際社会福祉センターのご協力のもと、MSPA 記録用紙・評定用紙の頒布をお願いするとともに、コラム執筆者の皆さまにも講師として参加いただきながら MSPA 講習会を実施することで、評定者の研修と普及に努めております。

MSPA の開発と普及にあたっては、コラムをご執筆くださった皆さま、支援をいただいた各種の研究助成、病院スタッフの皆さま、開発や妥当性検証の際にご協力くださった当事者やご家族の皆さま、地域の皆さまなど、大変多くの方々のお力添えにより、ここまで至ること

ができました。一人ひとりお名前を挙げることはできませんが、深く
お礼を申し上げます。本当にありがとうございました。

　今後も MSPA の活用と普及に向けた活動を継続していくとともに、
私は大学教員として、これから社会に出て活躍する学生の教育や研究
にも努めていきたいと思っています。発達障害者はグレーゾーンも含
めるとかなり多いと推測されており、支援者と被支援者を区別するこ
とも難しくなってくるかもしれません。また、支援は専門家だけでは
不可能で、社会全体の理解が必要となっています。多くの大学生、大
学院生が、分野の隔てなくこの問題を理解し共有して、さまざまな社
会現場で活躍してくれればと思いながら、教育にあたっています。こ
うした活動を通して、また本書の出版を通して、一人でも多くの方が
過ごしやすい社会となるようにと願っています。

　最後に、本書の執筆にあたり、特別支援教育の詳細については青山
芳文先生、鋒山智子先生、清水里美先生に大変お世話になりました。
また、勁草書房編集部の土井美智子さんにも企画から編集までを通じ
て大変お世話になりました。お礼を申し上げます。

　2018 年 9 月 12 日

船曳康子

索　引

あ 行

アスペルガー症候群　7, 9
後追い　28, 36
育児不安　50, 64
移行支援　77-8, 80-1, 85-6, 98, 113
いじめ　14, 16, 105
うつ　6, 12, 14, 16, 51, 73, 103
運動症　7-8, 18

か 行

学習　5, 9, 18, 20, 25, 47
学習障害（LD）　7-8, 56-7, 59, 122
感覚　5, 9, 18, 21, 37-8, 44, 55, 82, 101, 114
感覚過敏　8, 17, 23, 44, 93, 96
環境調整　25, 76-8, 82, 87, 102
癇癪　37, 44, 50
教育相談　59-61, 70, 88, 91, 95
共感性　5, 9, 18, 21, 33, 35
共通言語　5-6, 76, 98, 100
共通理解　i, 5, 17, 29, 51, 54, 62, 77-9, 85, 90
共同注意　34
京都国際社会福祉センター　21, 26, 33, 120-1
切れ目のない支援　2, 15
記録用紙　21, 29, 33, 49, 81, 89-90, 121
キンダーカウンセリング　54, 84
限局性学習症　7, 22, 47
言語聴覚士　3, 32
言語発達歴　5, 9, 18, 20, 33, 48

講習会

講習会　6, 26, 32, 120-2
構造化面接　11
行動評価　11
公認心理師　3, 5
広汎性発達障害（PDD）　i, 7, 9
合理的配慮　62
『国際疾病分類』第10版（ICD-10）　9
個人差　i, 3-4, 12, 17
個人情報　29-30
子育て　15, 34-5, 37-8, 42, 45, 51, 54, 64-5, 97
こだわり　4-5, 7-9, 13, 18, 21, 23, 36-8, 41-4, 50, 55, 82, 84-5, 99, 101, 114, 116
コミュニケーション　5, 9, 18, 21, 27, 33-5, 43-4, 47-8, 101, 112
コミュニケーション症　7
孤立　14, 28, 35
コンサルテーション　54, 78-9

さ 行

作業療法士　3
自己肯定感　18, 50, 99, 106
自己評価　13, 40-1, 50
自己理解　81, 99, 102, 106, 111-4
思春期　14, 50, 60, 73, 91, 98
事前アンケート　26-7, 29, 79-80
質問紙調査　10
児童期　13-4, 42, 44, 50, 55, 58, 60
自閉スペクトラム症（ASD）　7-11, 18, 22, 25, 56-7, 59, 105, 112, 116

127

索　引

社会福祉士　3, 59
就学相談　56, 86
集団生活　13, 19, 21, 54, 58
集団適応力　5, 9, 18, 21, 27, 34, 40, 44, 93, 101
就労　14-6, 37, 42, 51, 63-4, 111-4
就労支援機関　64, 107, 110-1, 113
小学校　13, 15, 28, 58, 60, 80-1, 85-6, 90-1, 96, 98, 102, 108, 116
衝動性　5, 7, 9, 18, 20, 23, 44-5, 55, 82, 96, 99
常同性　8, 39, 43
情報収集　29, 62-3, 78, 80, 95
神経症　6, 12, 16, 51, 73
神経発達症　7-8
睡眠リズム　4-5, 9, 18, 20, 46
スクールカウンセラー　59, 70, 100
スクールソーシャルワーカー　59
ストレス　16, 38-9, 41, 45-7, 49, 51, 82
成人　12, 14, 19, 35, 44-5, 47, 51, 63-4, 101, 104
『精神障害の診断と統計マニュアル』第5版（DSM-5）　7, 9, 22
精神保健福祉士　3, 5, 59, 111, 122
生得的　12, 24, 31, 47, 51, 65-6, 68, 77, 116
青年期　14, 60
早期支援　54, 84, 96
粗大運動　5, 9, 18, 21, 39-41, 101

た　行

対人不信　13-4
多動性　5, 9, 18, 20, 23, 39, 43-4, 99
チーム学校　70, 80
知的能力障害　7
知能検査　10, 24, 67, 101
注意欠如・多動症（ADHD）　7-8, 18, 22, 25, 57, 59
中央教育審議会　56, 70

通級による指導　56-7, 59-60, 95, 100, 115
通常の学級　1, 56-8, 69, 95
定型発達　26, 69
同時面談システム　61-3
得意分野　19-20, 28, 48-9
特性チャート　4, 20-1, 109-10, 113-4
特別支援学級　56-8
特別支援学校　56-8, 116-7
特別支援教育　ii, 55-8
特別支援教育コーディネーター　3, 59, 95
特別支援教育士　3, 59, 76, 92, 95, 98, 115

な　行

二次障害　6, 51-2, 60, 90-1, 101, 104, 106, 112
乳幼児期　2, 13, 15, 26, 38-40, 47, 50, 53-4, 84
認知機能　10, 19, 24, 66

は　行

パーソナリティ障害　73
発達検査　6, 10, 66-7, 95
発達障害者支援センター　1-3, 63, 113
発達障害者支援法　1-2, 6, 15, 56
発達年齢　26, 33
反復運動　4-5, 9, 18, 21, 39
被害念慮　14
ひきこもり　16
微細協調運動　5, 9, 18, 21, 40-1, 101
人見知り　28, 36
評価基準　19, 22, 31-49
評価者　4-5, 26, 29, 32
不器用　17, 40-1, 89
不注意　5, 7-9, 18, 20, 23, 41-2, 50, 90, 94, 96, 99, 101-2
不登校　61, 99, 101
不眠　12, 16, 46, 51, 73, 101
保育園　54-5, 81

索引

ま 行

妄想　　14, 16, 73

文部科学省　　1, 55-7, 60, 70

や 行

薬物療法　　23

養育者　　4, 13, 26, 28-9

要支援度　　4, 19, 21-2, 24, 33-4, 42, 44-5, 47-8, 92-4

幼少期　　12, 24, 27-8, 39, 55, 77-8, 90, 96, 104-5, 107, 112

幼稚園　　54-5, 71, 81, 84-5, 88

ら 行

ライフコース　　12, 50

ライフステージ　　6, 13, 15, 33, 35, 53, 69, 74, 81, 85, 87, 91, 98, 100, 109-10

療育　　i-ii, 32, 84, 124

臨床心理士　　3, 5, 32, 54, 59, 76, 84, 88, 101, 104, 111

レーダーチャート　　4-5, 17-8, 23, 29-32, 49-50, 70, 86, 90, 96, 105-6, 121

著者略歴

船曳康子（ふなびき　やすこ）
　1971 年生まれ。京都大学大学院人間・環境学研究科教授。精神科医。1996 年京都大学医学部卒業。2005 年よりこころの発達、発達障害の分野の臨床と研究に従事。日本学術振興会特別研究員、京都大学医学部附属病院精神科助教、京都大学大学院人間・環境学研究科准教授を経て、2018 年より現職。

コラム執筆者紹介（掲載順。現職は刊行当時）

清水里美（しみず　さとみ）　平安女学院大学短期大学部教授

若林彩（わかばやし　あや）　京都府城陽市立ふたば園セラピスト

山中陽子（やまなか　ようこ）　京都府総合教育センター家庭教育カウンセラー

小川詩乃（おがわ　しの）　京都大学こころの未来研究センター連携研究員

鋒山智子（ほこやま　のりこ）　京都府教育庁指導部高校教育課首席総括指導主事

鈴木英太（すずき　えいた）　京都府向日市立寺戸中学校教諭

馬見塚珠生（まみつか　たまお）　親と子のこころのエンパワメント研究所代表

天下谷恭一（あまがい　きょういち）　京都大学大学院人間・環境学研究科／総合人間学部学生相談室相談員

岩井栄一郎（いわい　えいいちろう）　立命館大学学生オフィス学生支援コーディネーター

蔦田裕子（しまだ　ゆうこ）　京都大学医学部附属病院精神科神経科精神保健福祉士

青山芳文（あおやま　よしぶみ）　立命館大学産業社会学部教授

MSPA（発達障害の要支援度評価尺度）の理解と活用

2018年10月20日　第1版第1刷発行
2024年11月20日　第1版第3刷発行

著　者　船　曳　康　子
　　　　　ふな　びき　やす　こ

発行者　井　村　寿　人

発行所　株式会社　勁　草　書　房
　　　　　　　　　けい　そう

112-0005　東京都文京区水道2-1-1　振替　00150-2-175253
　　　　（編集）電話 03-3815-5277／FAX 03-3814-6968
　　　　（営業）電話 03-3814-6861／FAX 03-3814-6854
本文組版 プログレス・港北メディアサービス・中永製本

©FUNABIKI Yasuko　2018

ISBN978-4-326-25129-2　Printed in Japan

JCOPY　＜出版者著作権管理機構 委託出版物＞
本書の無断複製は著作権法上での例外を除き禁じられています。
複製される場合は、そのつど事前に、出版者著作権管理機構
（電話 03-5244-5088、FAX 03-5244-5089、e-mail: info@jcopy.or.jp）
の許諾を得てください。

＊落丁本・乱丁本はお取替いたします。
　ご感想・お問い合わせは小社ホームページから
　お願いいたします。

https://www.keisoshobo.co.jp

村上靖彦
自閉症の現象学 2860 円

デボラ・R・バーンバウム／柴田正良・大井学監訳、重松加代子訳
自閉症の倫理学 3740 円
彼らの中で、彼らとは違って

柘植雅義
学習者の多様なニーズと教育政策 ★3300 円
LD・ADHD・高機能自閉症への特別支援教育

柘植雅義
特別支援教育の新たな展開 ★3960 円
続・学習者の多様なニーズと教育政策

小野寺敦子
親と子の生涯発達心理学 ★4290 円

田中美穂・児玉聡
終の選択 3520 円
終末期医療を考える

ピーター・シンガー／児玉聡監訳
飢えと豊かさと道徳 2090 円

＊表示価格は 2024 年 11 月現在。消費税 10％が含まれております。
＊★印はオンデマンド出版です。